胡若望的疑問

The QUESTION Of HU

史景遷作品集 7

史景遷
Jonathan D. Spence
陳信宏——譯

獻給柯林以及伊恩

幸福啊！如尤里西斯
成就了美好的旅程

約欽．杜貝雷*

* 編注：約欽・杜貝雷（Joachim du Bellay 1522-1560），文藝時期法國詩人。

目次

序

胡若望最令人驚奇的一點，也許就在於我們竟然會知道有這麼一個人。中國歷代的傳記大量記載了學者與政治人物、思想家與詩人、道德高尚的人物以及言行異於常人的隱士。若有商人富有而樂善好施，或有武人英勇捍衛國土或平定內亂，也有可能見諸於史冊。然而，胡若望卻不屬於前述的任何一種人物。他出身寒微、生活貧困，也沒有地位顯赫的親戚可供攀附，只受過粗淺的教育，所以唯一能做的工作就是幫人抄寫文件；他與人衝突時雖然勇敢，卻缺乏謀略；他雖然信奉天主教，在教會裡卻沒有升上多高的職位；他雖然在一七二二年到過歐洲一次，並且待了三年以上，但大部分的時間卻都被囚禁在瘋人院裡，針對這段經歷他也只寫了兩封簡短的信件，其中一封還遺失於寄送途中。

然而，關於胡若望這個人的詳細記載卻保存在世界三大檔案裡：羅馬的梵蒂岡圖書館（Biblioteca Apostolica Vaticana）、倫敦的大英圖書館（British Library）以及巴黎的法國外交部檔案館（Archives Affaires Etrangères）。這些資料之所以留存下來，主要是出於耶穌會神父傅聖澤（Jean-François Foucquet）心中的愧疚，他在一七二二年把胡若望從廣州帶到歐洲。胡若望在一七二六年從法國返回中國之後，巴黎與羅馬便有流言指稱，傅聖澤對待胡若望頗為苛刻。剛升上主教的傅聖澤為了維護自己的名聲，於是針對自己與胡若望的關係撰寫了一份詳盡的記述，交給他的友人與教會高階人士傳閱。他稱自己的記載為《真實敘述》（*Récit Fidèle*）。其中一份抄本由聖西蒙公爵（Duc de Saint-Simon）取得，他是路易十四執政時期的著名史官，也是傅聖澤的朋友。後來，這份記述連同聖西蒙的其他文件收入了法國國家檔案館（French National Archives）。另有一份抄本在十八世紀後期流入公開市場，而在十九世紀被捐贈給大英圖書館。第三份抄本則是歸入了教宗檔案，連同傅聖澤其他未發表的著作、日記與書信本，送交時間可能是一七四一年傅聖澤去世之後。[1]

這三份《真實敘述》抄本的頁面邊緣各自都有筆記和作者評注，可見傅聖澤只要有空，仍然持續潤飾及闡明他自己的記述。比起羅馬和倫敦的抄本，法國的抄本沒有那麼多的附注，顯示這份抄本可能是最早的版本，也許是傅聖澤親手遞交給聖西蒙，因為聖西蒙的影響力可能有助於證明他的清白。大英圖書館的抄本附有一、兩封其他抄本裡所沒有的信件，頁邊還有許多注記，但也有缺漏之處，並且在內文裡提及若干「事後補上」的文件，但卻未見這些文件附錄其後，可見這個版本出現的時間應是介於另兩份抄本之間。羅馬的抄本不僅有幾個簡短的注解是在巴黎與倫敦的抄本裡所沒有的，顯示這是三份抄本中時序最晚的一份，而且還附有一疊非常珍貴的信件，從字母「A」到「N」依序標示。這些都是《真實敘述》裡提及的信件。此外，羅馬的抄本還附有一七二四到一七二五年間，傅聖澤和另一名耶穌會神父戈維理（Pierre de Goville）談及胡若望的所有信件。

梵蒂岡所收藏的其他資料中，除了十七與十八世紀的各類中國文件，還包括一份目前所知僅存的胡若望親筆信件，是他以中文寫給傅聖澤的信，日期可由間接證據推算為一七二五年十月。在廣州地區的高階官員呈交給皇帝的機密奏摺當中（這些奏摺皆收藏於北京的「中國第一歷史檔案館」，近來以影本印行），雖然沒有提及胡若望的姓名，卻詳細記載了他前往歐洲所搭乘的法國艦隊在中國的到港與離港狀況。此外，奏摺中也記錄了有關樊守義（Louis Fan）的不少資訊。樊守義是一名皈依基督教的中國人，比胡若望早了十年前往歐洲，並且在胡若望動身前一年回到中國。關於胡若望在歐洲的這段歷史，還有些資料可見於巴黎警政官員與夏宏通（Charenton）精神病院先後幾位院長的早期檔案當中。這些檔案皆保存於巴黎蘇比茲宅邸（Palais Soubise）的法國國家檔案館分部。一七六四年發行的新聞報《猶太通訊》（*Lettres Juives*）曾經節錄胡若望的故事，但內容頗多斷章取義之處；[2] 後來伏爾泰在他的《哲學辭典》裡，也根據這則內容不完整的報導而增寫成一篇短文。[3]

不過，我們對胡若望的瞭解，終究還是得仰賴傅聖澤的記載。不同於現代的某些記史者，傅聖澤沒有試圖藉由抹除過往以證明自己的無辜，反倒精心整理與保存了所有的短箋與信件，即便自己在當中所呈現的形象不盡正面，他也不以為意。我並不認為傅聖澤對待胡若望的方式是正確的，但我卻是因為他所保存的紀錄，才得以做出這樣的判斷。因此，即便我認為我成功批判了他，但就某方面而言，他仍然是勝利的一方。

史景遷

布拉克島　一九八七年　夏

第一章　內心的疑問

一七二五年十月十二日　星期五
夏宏通，鄰近巴黎

胡若望在接待廳門口停下腳步，望了望室內。接待廳裡坐著十幾個身穿教士服的男子。看護幫他著裝並且把他從病房帶出來，隨時站在他身旁，以防他突然出現暴力舉動。他們沒有向胡若望說明帶他出來的原因，因為他聽不懂法語，而他們也不會說中國話。

胡若望在夏宏通的精神病院待了兩年半，身上的衣物已破爛不堪。他穿著一件骯髒襤褸的中國式上衣和一條襯褲，腳上套著一雙霉爛的中國襪，蹬著破損的拖鞋，肩上圍著一件破舊的歐式短上衣。他的一頭黑色長髮披散在肩上。「他的臉看起來像是從墳裡挖出來的屍體一樣，」接待廳裡一位名叫戈維理的教士，在三天後這麼寫道：「他的體格和容貌也毫無特出之處，看起來比較像是個挨餓的流浪漢或乞丐，而不像是個中國讀書人。」[1]

當戈維理神父喊出一句中文的問候語，胡若望的臉隨即亮了起來，彷彿感受到了某種內在的滿足。不過，他也同時看到了戈維理身後的牆上，在許許多多的鍍金框宗教畫作之間，掛著一隻大十字架。胡若望指向十字架，彷彿其他人都沒有看到似的，接著隨即跪了下去，並且俯伏在地，前額貼在地板上，然後又跪起來，再趴伏下去，如此連續五次。他向主耶穌敬拜完畢之後，便站起身來，向在場的每個人一一打躬作揖。經過這番折騰，他才在眾人的敦促下坐了下來。

胡若望與戈維理談了一個多小時。戈維理的中文說得相當流利，因為他以傳教士的身分在中國住了二十三年，主要都在廣州及其鄰近地區。[2]當時英國商人在廣州地區都找不到願意幫他們擔任通譯的中國人，於是戈維理就扮演了這個角色。他問胡若望為何衣衫襤褸，為何身無分文，又為何沒有履行他和傅聖澤神父的工作約定，而將胡若望從中國帶到歐洲來的就是傅聖澤。胡若望口齒流利地仔細回答了每一個問題。最後，戈維理問他有沒有任何問題要問。有的，胡若望說，他有一個問題：「為什麼把我關起來？」[3]

第二章　啟程

一七二一年九月三十日　星期二

廣州

胡若望被指派為看門人，這是潘如神父（Domenico Perroni）委派他的工作。[1] 潘如神父是教廷傳信部（Sacred Congregation for the Propagation of the Faith，編注：現名為萬民福音部）的主持人，這個組織代表教廷協調廣州地區各天主教傳教士的工作——至少試圖這麼做。[2] 胡若望的職責就是查驗所有進出傳信部園區的人員，園區內不僅有潘如神父與員工的宿舍以及各部門辦公室，還有一間規模不小的教堂。有時候，決定哪些人員可否通行是相當棘手的問題。廣州人火氣很大，而西方人在當地並不怎麼受歡迎。

挑選胡若望來擔任這項工作，無疑是個明智的抉擇。他是個四十歲的鰥夫，太太早已去世多年，為他留下一個兒子，現在已近乎成年。胡若望並沒有再婚，而是和母親還有一名兄弟住在一起。[3] 他出生於廣州西南方，接近佛山這座繁盛的商業城市，在珠江三角洲蜿蜒縱橫的溪流和水道之間。不過，他的家族原本來自北方的江西省，而且胡若望也總是自稱為江西人。[4] 他頗有學問，信仰也非常虔誠。所謂「有學問」的意思，不是說他通過科舉考試取得了功名，也不是說他懂得歐洲語言，而是說他識得中文字、能夠寫一手工整的筆跡，對於古典的文章形式和成語也有所掌握。[5] 他有能力謄寫他的職務所需的各項紀錄。這種程度的識字能力非常重要，因為潘如神父身為中國南部的教廷傳信部庶務長，自然必須和當地傳教士與羅馬方面進行許多機密通訊，而他的僕人卻在八月把一封重要信件送到了錯誤的對象手上。那封信原本是寫給一名耶穌會教士，但那個僕人卻把信件送給了一位方濟會修士，原因是這兩位人士的中文姓氏雖然不是同一個字，發音卻一模一樣。[6] 這項錯誤不僅令人難堪，甚至可能造成耶穌會損失，因為方濟會可以利用信中的資訊來謀取利益。

此外，胡若望對基督教信仰的虔誠不僅眾所周知，而且信仰已久。他早在一七〇〇年就皈依基督教，那時他才十九歲，耶穌會神父龐嘉賓（Gaspar Castner）與利國安（John Laureati）正在佛山及鄰近地區努力講道以及建設教堂，為當地的基督教信仰奠定了基礎與培養活力。[7] 胡若望受洗之後取名若望（譯注：即利國安原名John的音譯），藉此向利國安神父致敬。後來，他的兒子出生之後，他也讓兒子受洗，並且取名蓋斯帕（譯注：即龐嘉賓原名Gaspar的音譯），以紀念龐嘉賓。

由於胡若望熟知基督教教義，信仰又虔誠，因此被選為園區教堂的傳道師。[8] 傳道師的篩選非常嚴謹，廣州的中國傳道師又素以勤勉真誠著稱。由於中國人在西方人面前說話總是多所保留，面對自己的同胞則比較能夠坦承說出自己的私密之事，因此歐洲教士都利用中國傳道師去接觸有可能皈依的對象，瞭解他們內心的疑慮、化解他們的家庭問題，以促使他們投入基督教的信仰。這些傳道師也會在清晨時分巡邏街道，找尋遭到貧困父母遺棄的嬰兒。這樣的嬰兒通常都因為疾病或營養不良而奄奄一息，但傳道師還是會帶回自己的教堂，立即讓他們接受洗禮。這麼一來，就算他們存活不了，至少也是在神的恩典當中死去。如果嬰兒幸運活了下來，教會又能夠找到信奉基督教的中國寄養家庭，那麼他就可以被養育成為基督徒。傳道師和醫院的護理人員對於棄嬰也有檯面下的默契：只要有嬰兒性命危急，護理人員就會通知傳道師，以便他們能夠趕到醫院，自己直接幫臨死的嬰兒施洗（歐洲的神父不敢進醫院，因為醫院裡隨時都有奶媽值班，消息一旦流出難免掀起軒然大波）。廣州的天主教徒在一七一九年施洗了一百三十六名嬰兒，一七二一年施洗了兩百四十一名，但天知道還有多少棄嬰在無人聞問的情況下死去。[9]

廣州是一座大城市——如果住處位於市郊，乘轎到市中心需要將近一個小時的時間。住在那裡的歐洲人猜測該市人口數大約為一百萬；見識過廣州與巴黎的人，則認為廣州不比巴黎小，但當地建築都是平房，所以很難判斷。廣州其實是由四座互相緊鄰的城市構成。在珠江北岸，距離河畔不遠，有一塊高牆圍繞的地區，稱為「中國城」，是總督衙門所在地，也是皇帝指派的對洋貿易監督官的駐在地點，歐洲人稱呼此一監督官為「戶部」。這裡的街道狹窄又擁擠，小商店林立。中國城以北另有一塊同樣以高牆圍繞的區域，自從滿人在一六四〇年代征服中國以來就稱為

「滿州城」或「韃靼城」。滿人的衛戍部隊主要駐紮於此，廣東巡撫的衙門也位於這裡。滿州城的街道是寬敞的鋪面道路，點綴著平行搭建的牌樓，顯得氣勢宏偉又秩序井然，正能搭配各種公共建築，以利當地舉行科舉以及祭孔典禮。

在這兩塊以高牆和門樓向人宣告其正式地位的飛地以西，緊接著是第三座大都市，即廣州的商業與居住中心，街道均由粗石精心鋪成，舉目所及盡是雅緻的店鋪與住宅，河岸上則排列著一座座的倉庫，屬於殷實的商賈所有。在這個地區，街道上的涼篷遮擋了酷熱的夏日陽光，同時也證明了此處居住的都是追求舒適生活品味的富有人士。第四座城市則延著珠江沿岸開展，散布在有如迷宮般的內陸水道與河渠之間。這是最貧窮的百姓與蜑民的居住地。在這裡，船隻緊挨著彼此成排停泊，密密麻麻的桅杆襯著天空，一名法國觀察者描述：「這裡的街道是以船隻為行道樹。」

洋人居民散布於廣州各個不同地區。在西部市郊，葡萄牙耶穌會士住在他們寬廣的歐式教堂附近。中國城東北部住著法國耶穌會士。在這兩個端點之間，則分布著其他教派的教堂與住宅，還有教廷傳信部。在河流邊緣，就在西部市郊與中國城的交接處，可以見到西洋商人的住所與倉庫，他們稱之為「工廠」。藉由精明的交涉，法國人已向中國官員爭取到這裡的永久居住權，而且他們的基地不僅繁榮，設施也相當完善。其他國家的商人與官員——英國、荷蘭與哈布斯堡王朝統治下的比利時奧斯坦德居民——則是隨著季風循環與國際政治的變化而來來去去。

除了葡萄牙人利用他們自己位於廣州附近的殖民地澳門之外，其他這些國家的遠洋船隻都停泊在河流下游十六公里處的黃浦島。他們的船隻貨物在這裡登記檢驗，以決定課稅標準，也接受「戶部」的下屬檢查；而他們在中國採購準備運往歐洲的貨物，也是在這裡搬上船隻。此外，這裡還有許多竹篷和蓆子，用於風乾船帆與存放補給品，也有開放空間供生病的水手休養及運動。商人與船員要從黃浦島前往廣州，若不是搭乘自己的小艇，就必須向中國的船夫租用舢舨。[10]

歐洲人在廣州的種種活動，都離不開教廷傳信部。潘如神父總是一刻不得閒，不是走訪其他教堂，就是身在澳門，而他最近就花許多時間待在澳門，為教宗特使嘉樂（Carlo Mezzabarba）的即將動身離去預做各項安排與準備。不過，就算是潘如神父人不在傳信部，這裡仍是熱鬧不已。

舉例而言，樊守義從事了驚人的十年歐洲之旅後，去年就現身在這裡。生長於山西省北部的樊守義皈依天主教之後，擔任耶穌會傳教士艾若瑟（Francesco Provana）的助理。後來，康熙皇帝指派艾若瑟到羅馬從事一項特殊的外交任務，艾若瑟即帶著樊守義同行。他們兩人在葡萄牙登陸，再循陸路前往義大利。樊守義見識了奇特的城市與內陸海洋，還目睹奇蹟，並且兩度獲得教宗接見；他又學會了拉丁文，從而成為教士。他的船隻終於在澳門碼頭靠港之後（艾若瑟神父不幸在海上去世，但他入殮的棺木仍在船上），當地的高階軍事與民政官員隨即將此一消息飛快報知皇帝。樊守義在一名武裝士兵護送之下，搭船穿越內陸水道前往廣州。他住在天主教神父的宿舍裡，受到總督與康熙的特使接見，並且開始撰寫回憶錄，最後才奉命北上覲見皇帝。[11]

儘管樊守義的遊歷已為人淡忘，教廷傳信部的看門人仍時時必須和外國人打交道。除了耶穌會士之外，還有奧斯定會、方濟會與道明會的教士，以及教宗特使的下屬。另外，更有來自港口內法國與英國船隻的商人與船員，以及法國工廠與國營貿易公司「東印度公司」的主管與員工。

因此胡若望的視野大開，並且開始懷有一項憧憬：他將親自前往羅馬，並且謁見教宗。[12]

一七二一年十月六日　星期一

廣州

傅聖澤神父終於覺得比較有體力了。他自從八月十日以來就一直臥病在床，甚至曾數度病危。這場久病之所以更加令人擔心，原因在於他今年稍早從北京動身南行，在冬季橫渡長江之後，也曾經大病過一場。

傅聖澤病體康復之後終於鬆了一口氣，卻已流失了將近兩個月的珍貴寫作時間。他近來對於生命的脆弱深有感觸，在信件中一再提及自己已經五十七歲，卻可能在自己投注一生的工作即將開花結果之際告別人世。「我現在已經五十七歲，就算只是一年的時間，或甚至只是六個月，對我來說都珍貴無比。」他寫道。他的確有充分理由心懷不滿，因為他的獨特觀點導致教派裡的許多高階人員都對他頗不諒解，甚至比他年輕的人士也不例外，因此傅聖澤覺得眾人都刻意阻撓他的工作。13

嚴格來說，傅聖澤要到一七二二年三月十二日才真正年滿五十七歲，但他的確已開始他人生中的第五十七年，因此這樣些微誇大算是可以諒解，畢竟他的確過了一個又長又活躍的人生。傅聖澤出生於富有人家，生長在勃艮第的小鎮韋茲萊（Vézelay），後來到巴黎的路易大帝耶穌會學院（Jesuit college of Louis-le-Grand，編注：今日成為路易大帝中學）就學，在一六八一年以十六歲的年齡成為耶穌會見習教士。在二十出頭的那幾年，他除了教導數學之外，也負責輔導來自鄉下的其他年輕寄宿學生。他在一六九三年被任命為教士，並且在一六九四年自願前往遠東地區從事傳教工作，他沒有指明哪個國家，但對日本、暹羅與中國的傳教活動報告都深感興趣，結果在中國傳教的耶穌會教士挑上了他。當時這群教士在路易十四的鼓勵之下，正致力於強化法國傳教活動在中國的能見度。傅聖澤在一六九九年抵達廈門，在福建與江西兩省事奉了很長一段時間，然後才在一七一一年奉召前往北京，負責翻譯中國典籍《易經》。14

一七二〇年十一月，傅聖澤奉命立即從北京循陸路南下廣州。儘管他多年來一再請求調回歐洲，以便能夠全心繼續他的學術工作，卻沒想到自己會必須在這麼匆促的情況下離開。[15] 傅聖澤在北京的上司只給了他八天的時間打包所有的財物、書籍與筆記。他的圖書收藏量極為驚人，儘管租了十六頭騾子，也只載得動其中一部分，迫使他不得不拋下一千兩百本以上的書籍，裡面充滿了珍貴的筆記和眉批。後來，這些書籍有三箱經由水路送至廣州，但送達的時間太遲，當時他已離開了中國。至於他留下的大批個人文件，則是全部丟棄銷毀。[16]

教會方面表示，他之所以必須離開得這麼匆促，原因是這樣他才趕得上法國東印度公司的冬季船班，趁著順風出發。傅聖澤雖然拖著病體，而且冬天的旅行條件又相當惡劣，但他還是在二月二十日就抵達了廣州，當時那些法國船隻都還沒到達。於是，他浪費了將近一整年的時間枯等，原因是那些船隻錯過了季風，只能在各自的所在地等待冬天過去。[17]

傅聖澤把自己的中文書籍整理過後又重新裝箱，共有十一箱。除此之外，他還利用法國東印度公司提供的經費，為巴黎的國王圖書館在南京書市代為賒購了七箱書籍。他最重視的是他自己的十一箱書籍，因為他研究的核心資料都在其中：他所詮譯的中國典籍將可證明宗教的真實奧義，藉此導正中國傳教團所陷入的錯誤。傅聖澤的那十一個箱子裡共有將近四千本書，他還將其仔細區分為十四個基本類別。居於首要地位的就是中國所謂的五經，包括《易經》以及探討禮、詩、史等的另外四部經典。接著，則是孔子的《論語》和中國基礎教育當中的其他短篇著作，還有中國歷代史、探討道教和語言的著作、經書注本，以及哲學思辨、科學、政府、教育、禮儀等方面的書籍。用來探討中國人偶像崇拜的佛教經典則居於末座，連同若干小說作品，例如講述唐三藏到印度取經的明朝冒險小說《西遊記》，還有若干天主教傳教士以中文撰寫的作品。光是傅聖澤親手抄寫的分類目錄，就長達四十八頁。[18]

傅聖澤在中國待了二十二年，把大部分的時間都投注於證明他所獲得的三項基本洞見：第一，中國古代宗教典籍，例如《易經》，都來自神聖的源頭，是真神賜給中國人的；第二，在中國的神聖典籍當中，「道」一字代表的正是基督徒崇拜的真神；第三，在許多中國典籍中用於指涉終極真理的哲學詞語「太極」，也具有同樣的神聖意義。[19]

為了向心存懷疑乃至抱持敵意的上司證明這些觀點，傅聖澤必須在典籍中為自己的每一項論點找出確切證據。他引用了許多部典籍，卻在《易經》中找到最多證據。舉例而言，中國人認為有一股神聖的力量存在於慾望與混亂之外，在全然的平靜當中展現生命。每年春季，這股力量就會捨棄其平和的隱遁之處，而促使萬物為人類而生長。傅聖澤指出，只要以正確的方式研讀《易經》，即可看出這個存在體渴望降臨人間，書中對於它的千百種細微描寫，乃是暗示了基督的化身。《易經》的第十三掛明確指出以馬內利的降臨，以及人世喪失了純真的悲哀。第十四掛指出，人世間的敵人將在漫長的三年間反抗天主並且抗拒祂的律法。第二十四掛提及耶穌，第五十九掛提到上帝的意圖，讓小的羊群各自走散，大的羊群則會被帶回家。傅聖澤指出：「這個卦象明白預言了所有民族將重新聚合，屆時人類最初的狀態與世界最早的喜樂都會因此恢復。所有願意承認至高無上的天主並且臣服於祂的國家，都將獲得一道明亮的光芒所照耀。」[20]

這就是傅聖澤所致力從事的工作，也是他的熱情所在——將中國古代所隱藏的神聖意義，明確地揭示出來。「在這一項工作中，」他寫道：「一切辛勞都甜美無比，即便是最沉重的苦工，也多少變得津津有味。」

儘管如此，他的研究工作仍然極度耗時而且困難無比。傅聖澤早已花費多年的時間閱讀所有早期經典，一一挑出足以引導他找出真相的線索。因為他還有其他許多工作，所以單是抄寫典籍中的篇章就可能花費數天或數週的時間。在北京期間，他一度有幾個中國人擔任他的祕書助手，不僅幫他抄寫典籍內容，也學會了摹寫他的書信——包括義大利文、法文與拉丁文書信。儘管他們完全看不懂內容，還是可以將一張薄宣紙鋪在他的信件上，循著他的筆跡分毫不差地畫出一個個字母。不過，在一七一八年，據說聘用這樣的助手違反了他的安貧誓約，上司於是禁止他再雇用更多的中國人。傅聖澤認為這些上司真正的用意其實是要阻撓他完成研究工作。[21]

儘管遭到這項禁令約束，傅聖澤抵達廣州之後卻遇到了兩名上耶穌會教堂禮拜的中國信徒。這兩人都頗有學問，也樂於協助他的工作，但卻因為傅聖澤生病而不得不中斷合作。[22] 法國船隻將在不久之後駛回法國，傅聖澤也將搭船離開。他有沒有可能說服其中一名中國人和他同行呢？他們可以先到巴黎，再去羅馬。這種做法曾有前例，他也仔細瞭解過。當時，有史以來曾經到過法國的兩名中國人都沒有返回祖國講述他們的經歷。沈福宗在一六八〇年代隨著柏應理（Philippe Couplet）神父前往歐洲，覲見了路易十四與詹姆士二世這兩位國王，並且在牛津做了不少有用的工作，卻在返國的途中死於海上。黃嘉略在一七一四年由梁弘仁（Artus de Lionne）主教帶至巴黎，娶了一名法國女子，生下一個女兒，在當地定居下來，任職於王室圖書館，結果在不久之後因病死亡，連他的妻女也一併遭殃。不過，在中國人為西方教士擔任助手的例子當中，樊守義的經歷比較鼓舞人心，後來艾若瑟在海上去世，樊守義也堅決保護他的屍身，不讓自己敬愛的老師被海葬，而是將他一路運回中國，在聖土上以基督徒的儀式下葬。[23] 樊守義北上前去覲見皇帝的時候，傅聖澤還在北京城裡。巧合的是，樊守義向皇帝報告了歐洲的地理與習俗之後幾天，皇帝就下旨准許傅聖澤返回歐洲，當時身在中國的西方傳教士必須獲得皇帝的同意才能離開。[24]

這時候，教宗特使嘉樂與奉康熙皇帝之命前往葡萄牙從事使節任務的張安多

（Antoine Maghalaens）神父，都決定帶著中國助手同行——傅聖澤對此知之甚詳。[25]他們並沒有保密，雖然康熙因為顧慮國家安全而企圖阻止中國人到海外去，卻總是有些充滿冒險精神的人士願意前往，而且不惜代價。[26]

一七二一年十二月十三日　星期六

廣州

潘如來到傅聖澤位於耶穌會院的房間，為他傳遞教宗特使的口信：傅聖澤已獲得正式許可，能夠將他的藏書帶到法國。書面同意書將於後續補發。潘如在上週也才剛來過，傳遞教宗特使的命令，要求傅聖澤在抵達巴黎之後前往羅馬。到了羅馬，他必須覲見教宗，報告傳教工作在中國的進展。[27]

潘如親自前來是一項非常貼心的舉動，尤其是廣州的街道在近來已變得異常危險。英國船隻博尼塔號的貨物管理員斯卡特古德，有一個手下在黃浦島殺害了一名中國人，結果引發當地居民的報仇呼聲。中國武裝部隊在街道上巡邏，洋人都人人自危。洋人的倉庫和居所都遭到監視，斯卡特古德自己也躲藏了起來，而且也難怪，自從上次發生類似的事件後，一名與凶殺案完全無關的英國醫生就遭到暴民抓了起來，痛打一頓，然後被丟在遭到殺害的中國人屍身旁等死。當地的中國駐軍將領還將卡多根號的五名船員關進牢裡，只因他們正好行經碼頭附近。後來，英國商人集體揚言將徹底中止貿易活動，那五名船員才獲得釋放。[28]

必須仔細留意中國官方在這些事務上的表現，他們採行的措施也可能非常強硬。三名屬於教廷傳信部的傳教士在一七一〇年以模糊不清的罪名遭到監禁，而且一關就是十一年，官方從頭到尾完全沒有提出任何正式控訴。其中一人是前教宗特使的傳譯員，另一人是醫生，第三人在未經許可的情況下致贈皇帝酒與藥品——只因為這些原因，他們就遭到了皇帝懷疑，只能在牢裡憔悴度日。[29]

傅聖澤不太瞭解當前這些騷動，因為他都待在法國耶穌會院和教堂裡，藉著靜修為即將來臨的漫長旅程預做準備。[30] 現在，船隻已經確定將在一月初離港出發。身為耶穌會教士，傅聖澤雖然住在中國城東北部的法國耶穌會院，卻深深涉入教廷傳信部的活動，也與直接受命於教宗的人員密切往來。他與教宗特使嘉樂接觸後，又接到前往羅馬的命令，使他更加覺得自己和其他耶穌會教士在知性方面愈來愈疏遠，眾人並不認同他對中國典籍裡的宗教意象所抱持的觀點，還堅持立場，不相信中國的禮儀本質上有宗教意味。在某些情況下，這使得他們比較容易說服敬拜祖先的中國讀書人皈依天主教，但採取這種立場其實明顯違反了教宗的禁令。戈維理神父是廣州法國傳教團的庶務員，是傅聖澤的上司，儘管傅聖澤比他年長了三歲。戈維理不時會到傅聖澤的房間與他討論這些問題，而且談話的時間總是相當長。不過，傅聖澤比較喜歡潘如，他們兩人自從六月開始建立的友誼已經愈來愈深厚。[31] 他們喜歡談論教會裡的政治運作、敵視傳教活動的地方勢力、教宗特使團隊面臨的問題，以及傅聖澤自己到歐洲之後的發展前景。

在教宗特使的許可令發布之前不久，傅聖澤寫了一封冗長的信件給戈維理，請求對方的准許，讓他把自己收藏的書本帶出北京。此外，他從歐洲郵購的一些書本終於由剛剛抵達的法國船隻送到手上，他也希望能一起帶走。戈維理對所有權的問題相當一板一眼，認為許多書籍應該屬於中國耶穌會教團的財產，因為他們非常需要一座良好的研究圖書館。他也以安貧誓約告誡傅聖澤，結果傅聖澤激動反駁道：「我要帶走的這些東西是商品嗎？這些書本和不符合我身分的華服、財物或奢侈品難道是相同的東西嗎？」傅聖澤對於自己即將踏上的漫長旅途極為執迷，一心認為自己必須在船上研讀這些書本，才不至於浪費寶貴的時間。他向戈維理表示，他甚至願意在抵達法國之後就立刻把這些書寄回中國，或者送給法國的耶穌會機構。

戈維理並不認為傅聖澤的論點具有說服力。他答覆道，中國典籍也許可輕易找到替代品，但現在才剛送到的那些昂貴歐洲書籍呢？薄伽丘的《異教神祇的系譜》（*The Genealogy of the Pagan Gods*）、布拉赫（Tycho Brahe）的《天文學》（*Astronomy*）、米蘭多拉（Giovanni Pico della Mirandola）與馬克羅比烏斯（Macrobius）的著作、一本希臘字根指南，還有一套十二冊的利普休斯（Justus Lipsius）著作，售價二十八法郎，以及一套四冊的祈禱書。此外，更有霍夫曼（Hoffman）一套四冊的對開本辭典，售價高達驚人的一百二十二法郎。[32] 一方面，傅聖澤希望獲得耶穌會的補助；另一方面，他卻又想把這些書籍帶走。他不能兩面好處都要兼得。戈維理的想法正好相反，不但要傅聖澤支付買書的錢，還要把這些書留在中國。

教宗特使跳過傅聖澤的上司而准許他帶走所有的書籍——至少是已經抵達廣州的書籍——讓他稍微鬆了一口氣。但另一項煩惱卻因此而更顯迫切：他該上哪兒去找他的中國助手？廣州教會那兩名中國讀書人對於與他同行頗感興趣，他相信他們一定是理想的選擇，因為外表優雅又乾淨，也擁有必要的語言能力。他們甚至能夠幫他從事翻譯工作，而且不需要他花太多心思督導。如果有他們其中一人在漫長的旅程上陪伴，他即可保持自己的中文口語能力，因為唯有每天練習才能維持水準。不過，這兩名中國人卻突然不再有興趣，而且沒有明確的原因。傅聖澤於是愈來愈確信是因為戈維理神父從中作梗。33

一七二一年十二月二十二日　星期一
廣州

傅聖澤到教廷傳信部拜訪潘如。他要搭乘的船隻預計在兩週後開航，但他卻還沒找到中國助手。[34] 潘如人面較廣，想必可幫他找到適當的人選。

這一切尤其讓傅聖澤深感挫折，因為他已巧妙安排了他那十一箱書的運送方式。目前黃浦島總共停泊了三艘法國船隻：加拉蒂亞號（*Galatée*）、摩爾號（*Maure*）與孔蒂親王號（*Prince de Conti*）。他仔細掌握了這三艘船隻的航行路線，因為他自己前往歐洲的旅程就取決於它們的航程安排。孔蒂親王號與摩爾號都錯過了一七二〇年底的季風，以致在海南島停泊整整六個月之久，才在一七二一年五月抵達廣州。加拉蒂亞號延遲的時間更久，不得不在交趾支那外海的崑崙島過冬。那座島嶼不僅貧瘠荒涼，而且幾無人煙，沒有任何糧食來源，也沒有禽獸可供獵捕，只有一群法國墾荒者和軍人努力想在那裡建立一座海軍基地。加拉蒂亞號直到八月才抵達廣州，船上載運了許多沮喪的墾荒移民。他們雖然在崑崙島上蓋了些小屋，終究還是只能被迫拋下那點小小的成就。廣州的中國官員非常注意洋人的來去動向，也向皇帝詳細回報了這幾艘法國船隻的抵達消息。據說孔蒂親王號的航行速度最快，可能會最早抵達法國，所以傅聖澤已和船長鮑格蘭（M. Baugrand）洽談過，如果他找得到助手的話，就讓他和他的中國助手搭乘這艘船。以孔蒂親王號的速度，他們應可在五月或六月抵達法國。[35]

傅聖澤行事相當小心，總是會在事前做好詳盡的計畫，因此他也特意結識了兩名在廣州金融界居於關鍵地位的法國人：在法國東印度公司於廣州設立的法國工廠擔任總管的布雷特施先生（M. de la Bretesche），以及他的副手特維爾（Tribert de Treville）。自從一六九八年以來，中國即准許法國的工廠總管住在廣州，而且他們願意行正式的跪拜叩頭禮，所以向來備受禮遇。布雷特施與特維爾都來自南特（Nantes）。中國運往法國的貨物在不列塔尼的路易港上岸之後，通常都在南特保稅運送，因此他們兩人在中國與法國都有相當豐富的人脈。[36]布雷特施在離開法國之前，曾經接受指示而購買了一大批關於宗教、政治、科學、藝術和語言的中國書籍。這項富有遠見的決定來自於法國攝政王奧爾良公爵菲力普二世（Philippe II,

Duke of Orléans），資金也是由他提供。購買這些書的錢將透過北京與馬尼拉的帳戶支應。布雷特施之所以會認識傅聖澤，原因是他們當初曾在南京市場共同為法國國王的圖書館採購書籍。傅聖澤擬定書單，布雷特施則派遣一名中國商人在南京買齊書單上的項目。不曉得是因為時間匆促還是資金不足，或是個人喜好的關係，這名商人只買了書單上的一小部分書籍，但即便如此，也整整裝了七箱的書籍。37

兩人除了經常在正式晚宴上碰面，傅聖澤還幫在五月中旬才抵達中國的布雷特施列了一份與中國商人打交道所需的中法詞彙對照表。為了回報傅聖澤的熱心協助，布雷特施則是向他透露了法國東印度公司未來擴張計畫的機密資訊，包括他們打算占領澳門以南的上川島做為海軍基地。此外，布雷特施也為彌撒提供上好的酒，甚至也提供他自家的傭僕與銀製餐具讓耶穌會教士招待教宗特使。

東印度公司副總管特維爾與中國商業官員「戶部」開會後，都會到耶穌會院拜訪傅聖澤，向他報告在廣州流傳關於中國禮儀的各種訴訟，也幫他草擬要寄往歐洲的拉丁文與法文書信。在特維爾的安排下，孔蒂親王號同意讓傅聖澤隨時把他找到的中國助手帶上船，他還要求船上的所有船員和軍官在自己的船艙裡放置一箱傅聖澤的書籍，為傅聖澤省下了昂貴的貨運費。[38] 舉例而言，傅聖澤剛收到的歐洲書本要價兩百六十八法郎，運費則是三十法郎；[39] 以這種超過百分之十的費率計算，十一箱書籍的運費將令人難以負擔。船員幫他這個忙不過是舉手之勞，因為他們放在自己船艙裡帶回家的貨物，占了航行所得的一大部分，而且平均在一趟航程上所賺取的銷貨利潤可達他們薪資的四倍，甚至更多。[40] 傅聖澤對於這樣的安排非常滿意，因為他的書籍不但可獲得妥善保管，還可隨時取用。然而，如果沒有一名中國人擔任他的助手，這一切成果都將毫無意義，而潘如承諾會盡力幫忙。

一七二一年十二月三十一日　星期三

廣州

傅聖澤找到了一名能夠和他一起去歐洲的中國助手。這個人名叫胡若望，是教廷傳信部的看門人。

一個多星期以來，胡若望一直看著傅聖澤為了造訪潘如而進進出出傳信部。傅聖澤的外表看來令人景仰，壯觀的鬍鬚垂至腰間。[41] 身上穿著閃閃發亮的長袍，是中國耶穌會教團的制服——一件白色襯衣，一件絲質罩袍，搭配腰帶，還有一件黑色寬袖上衣，頭上戴著圓錐形小帽，腳上蹬著布鞋，手裡拿著一把扇子。[42] 他的面容相當和善，說起話來極有威嚴。大家都說他不久之後就要去覲見教宗，而且他身上也散發著羅馬的光芒。

胡若望聽說傅聖澤已經花了好長一段時間找尋中國助手，卻一直沒有找到。他不敢直接向傅聖澤攀談，而是向潘如表示自己願意擔任助手。潘如認為再找個看門人不是難事，而且也知道船隻不久之後就要啟航，於是通知了傅聖澤。與胡若望面談之前，傅聖澤先向潘如詢問這個人看起來是否可靠，是否具備識字能力。潘如說胡若望在擔任看門人的三個月期間不曾惹過麻煩，並且拿了他抄寫的一份文件給傅聖澤看。胡若望的筆跡雖然不太優美，但應該夠用了。

於是，傅聖澤找了胡若望來面談。[43] 面談時間很短，因為傅聖澤實在非常忙碌。他對於胡若望在這個時刻毛遂自薦深感欣喜，所以根本沒有想到要仔細檢驗他的語文能力。胡若望肌膚黝黑，傅聖澤覺得他相貌醜陋，看起來不太乾淨，而且又一副落寞絕望的模樣，彷彿以前曾經過著較為富裕的生活，後來卻窮途潦倒。[44] 不過，他畢竟是個人手，也有意願踏上這趟冒險之旅。他們商談彼此要求的條件，然後達成了協議。「如果不是這個中國人，就沒有別人了。」傅聖澤後來寫道。

他們兩人擬了一份書面合約，然後各自簽名。胡若望將擔任五年的抄寫員，期滿之後，傅聖澤將送他回國。胡若望的基本年薪為白銀二十兩，並由傅聖澤負擔他的飲食所需（但不包括其他支出）、前往歐洲的旅費，以及旅程上的附帶開支。這些款項的支付前提是：胡若望必須依照傅聖澤的指示抄寫孔蒂親王號上四千本書其中的任何一本。胡若望要求預支十兩半，以應他自己與家人所需，傅聖澤同意了這項要求。胡若望的兄弟將負責照顧他們的母親，潘如神父則會在傳信部的教堂為胡若望的兒子蓋斯帕找份工作。[45]

傅聖澤在鎮上為胡若望買了幾套全新的中國服，還有一些他在船上會用到的個人用品，以及市面上最高級的床罩——外層為錦緞，裡面填充棉花，價錢相當於十五斯庫多（譯注：scudo，義大利銀幣單位）。傅聖澤把一份合約抄本交給胡若望保存，但胡若望不肯接受。他何必要自己保存一份呢？他說。他完全信任傅聖澤神父，由神父代為保管就可以了。[46]

胡若望確信一定能夠見到教宗，傅聖澤對這點有些保留，但沒有完全排除這項可能性。他說他們一旦抵達羅馬之後，他就會幫胡若望找一份「體面的職業」。他認為自己一定能夠實現這項承諾，因為這是教宗特使嘉樂在離開之前開的空白支票，對任何中國助手都能兌現，甚至還白紙黑字寫了下來。[47] 胡若望也認為自己將來能把遊歷見聞寫成書，回國之後即可因此成名，傅聖澤在這一點上沒有表示異議。[48]

他們的準備工作儘可能祕密進行，因為戈維理神父已明確表示他反對傅聖澤神父攜帶中國助手同行。除了違反耶穌會士的安貧誓約，傅聖澤對宗教的觀點也過於古怪，實在不該再予以鼓勵，除此之外，還涉及到相當重要的法律因素。近年來，廣州發生了數起歐洲人造成的中國人意外死亡案件。每一件案子發生後，中國官方都不斷騷擾歐洲商人與教會人士的小社群，直到他們付出大筆賠償為止。不久之前的斯卡特古德案就是一個鮮明的例子。如果有個中國人陪伴傅聖澤同行，結果又死在歐洲，就可能導致危險的後果。[49] 教會當前的立場已經夠薄弱了。「我瞭解這種中國人，」戈維理說：「而且我更瞭解廣州人。」戈維理的論點頗具可信度，因為他已在中國待了二十年，過去十三年來都住在廣州。[50] 不過，傅聖澤在中國已經待了二十二年，而且個性又極為頑強。

一七二二年一月五日　星期一
廣州，黃浦島停泊處

傅聖澤與胡若望已搭上了孔蒂親王號，這艘商船重四百五十噸，船員共有七十人，船上有三十門砲，由鮑格蘭船長指揮。[51] 船已升帆，錨已拉起，他們正逐漸駛離黃浦島，航向大海。

胡若望能在船上實在相當幸運。昨天，有人向戈維理神父透露傅聖澤已找到了中國助手，於是戈維理企圖利用自己身為上司的影響力以阻止胡若望出海。他找上東印度公司的布雷特施與特維爾這兩名總管人員，要求他們禁止那三艘法國船隻搭載中國人。不過，特維爾卻反倒匆匆寫下一張短箋，告知傅聖澤這項消息：「計畫被發現了。布雷特施先生剛給我看了一封戈維理神父寫的信，說他剛得知，你要帶一個中國人同行。神父要求布雷特施先生阻止你這麼做，他已代表他們兩人向中方官員許下承諾，所以此舉將會使他與布雷特施先生都非常難堪。請你按照自己的判斷行事，我一定鼎力幫忙。」[52]

布雷特施沒有把戈維理的要求轉達給那三艘船隻的船長，傅聖澤於是安排一名船員私下把胡若望帶上船，自己再以較為公開的方式登船，先在法國工廠過一夜，再從那裡前往碼頭，並且隨身帶著所有的個人財物：包括他隨時需要參閱而必須放在自己船艙裡的中國與歐洲書籍、他的辭典、他的毛筆、幾套中國服、他的法衣、他的內衣、他的無邊帽，還有他收藏的若干宗教勳章。[53]

三艘法國船隻準備啟航，船上瀰漫著興奮的情緒。每一艘船都滿載貨物，包括茶葉、絲綢及其他精緻布料、鑲花櫥櫃與中國商人專為外銷所設計的瓷器。在南特的公開市場上，這些貨物的總值估計可達一千萬法郎。再加上他們預支購買貨物的錢若能藉著買賣金銀的價差而賺取一筆投資收入，只要旅途平安順利，這麼一趟旅程即可帶來龐大利潤。巴黎的金融家目前正在重整東印度公司的財務組織，完成之後預計又可促使利潤更加豐厚。54

孔蒂親王號上的船員們，對於傅聖澤那十一箱中國書籍占用他們的船艙空間似乎都不以為意，仍然熱切歡迎蓄著長鬚並且身穿教士袍的神父上船。他心懷感激地把他們的姓名都登錄在他的日誌裡，包括了船長鮑格蘭、大副圭勒巴特（Guillebart）、海軍上尉莫特（Motte）與巴爾別德（Balbeder），以及海軍少尉杜凡迪（Duvandie）與博席儂（Mottay Bossinon）。此外，他們似乎也一樣歡迎他的中國助手胡若望。胡若望穿著一身整潔的新衣而顯得精神奕奕，腦後綁著一根閃閃發亮的黑色髮辮，還帶著一席昂貴的錦緞床罩，可讓他在海上的冬夜保持溫暖。

第三章　海上之旅

一七二二年一月十三日　星期二

廣州，珠江河口灣

船隻的航行幾乎沒有多少進展。這八天以來都沒有風，三艘船只順著珠江三角洲的混濁水流向下游漂行了幾英里而已，沿途背景則是一片貧瘠的山丘。[1]

傅聖澤正在寫信給戈維理和潘如，並且根據草稿把已經寄出的信件抄成複本收藏在檔案與日誌當中。他和胡若望還沒擬定未來幾個月的工作計畫，但胡若望已經在他的指導下花費了幾個小時抄寫中國書籍。[2]

孔蒂親王號上的生活雖然單調，卻頗為舒適。至少他們不必躺在炎熱的夏日太陽下。傅聖澤和船員相處得非常好，而且法國人全都一起用餐，但他們沒有邀請胡若望加入。他被安排和一群僕役同桌，包括鮑格蘭船長的管家與船上軍官的佣人。[3]

就經濟地位而言，這樣的安排確實非常恰當，因為胡若望的二十兩年薪相當於每月八法郎，甚至比東印度公司一般水手的薪資還低，其中年紀最輕的水手至少能夠拿到九法郎，資深水手的月薪則有十五至十八法郎。[4]不過，如果胡若望是以學者的身分搭船，那麼他也許應該和傅聖澤及船員們共桌，因為一起用餐的人員通常也包含書記與牧師。儘管他們的薪水遠比胡若望高——書記的月薪高達五十法郎，牧師為三十法郎——工作卻不比他尊貴。畢竟，他乃是為了抄寫珍貴中國典籍而特別挑選的抄寫員。

胡若望還沒學會任何法語，而與他一起用餐的同伴也不會說中文。那些法國人竊竊私語，因為胡若望顯然對於歐式餐點的上菜方式毫無概念，他只要看到餐點端上桌，就直接拿取自己想吃的東西。他們試圖向他說明每個人只能食用自己的那一份，但這項概念很難傳達，胡若望還是一再拿取超出他應得的份量。有時候，他們只得強制他少吃一點。

一七二二年一月二十一日　星期三

交趾支那外海

崑崙島就在前方不遠處。海上終於在一月十三日開始起風，於是三艘船隻在十五日航經澳門。自此之後，他們即可隨著來自東北方的季風一路順暢航行。[5]

傅聖澤覺得精神充沛，航程終於展開的感覺真好。這才是「最愉快的航行體驗」，他在日誌中寫道。

胡若望沒有和船長的管家或其他人一起用餐，也沒有從事任何抄寫工作。他嚴重暈船，而且不適的症狀毫無緩解的跡象。[6]

一七二二年一月二十四日　星期六

崑崙島

他們的停泊地點一片荒涼，但對於暈船暈得那麼嚴重的胡若望而言，光是能夠靠岸必然就是一件值得欣慰的事情了。島上有兩位法國耶穌會教士，一位是來自里昂的尚芭蒂斯・夏克（Jean-Baptiste Jacques），另一位是來自土魯斯的宋君榮（Antoine Gaubil）。他們兩人都想到中國去，卻隨著他們搭乘的船隻達尼號被困在這裡，至今已有四個月之久。而法國人打算在這裡建立的小型殖民地，也終於確認不可行。夏克認為崑崙島是個「可怕的居住地」，宋君榮則稱之為「全世界最糟糕的地方」。7

這座島嶼潮溼、多山，生活環境又不健康。港口雖然看似優美怡人，水中卻滿是蛀蟲，足以損壞小船的木板；入港的水道也非常危險，不但充斥著岩礁，洶湧的潮水裡也滿是鯊魚；空中到處都是昆蟲，各種疾病也大為盛行；森林裡滿是猴子和古怪的飛行蜥蜴，卻沒有可供食用的飛禽走獸，只能靠著捕魚維生。

島上的數百名當地居民並不友善，而且因為沒有種植任何糧食作物，所以經常往返於崑崙島與交趾支那之間。英國人二十年前曾在這裡設立貿易基地，當地居民和英國人從其他島嶼找人來擔任駐守的士兵，士兵反而串通一氣謀害許多移民，其他人於是決定棄島而去。法國人的遭遇也好不到哪裡。達尼號的人員上岸之後，有些人即遭到綁架，經過一番折騰之後總算才救了出來。[8]

對於駐紮在這裡的法國士兵和德國傭兵（還有部分人員帶來的家眷）而言，這裡的生活實在有如夢魘。他們只能住在臨時搭建的簡陋小屋裡躲避滂沱大雨，設法說服當地居民賣些食物給他們，或是幫他們捕魚。他們已經挨餓了好幾個星期，看到加拉蒂亞號運來的麵粉、啤酒和肉類都雀躍不已。[9]

傅聖澤與宋君榮及夏克談論了天文學與中國，還有教宗特使嘉樂的訪問之旅。他們從法國帶了一些要給傅聖澤的信件，於是趁這個機會交給了他；而他也同意把他們寫的信件帶到法國。[10] 夏克的身體狀況相當糟，視力更是出了嚴重問題。他們的談話逐漸停頓了下來，而胡若望始終沒有加入。

鮑格蘭船長與加拉蒂亞號及摩爾號的船長，一同和國王指派建立這座小殖民地的兩名軍官談論這裡的前途。他們一致認為崑崙島不是設置基地的可行地點，並且決定和英國人一樣放棄這座島嶼。

儘管這麼做必須把更多人塞進原本就已相當擁擠的船隻，殖民地的軍官、士兵和少數家眷還是上了船。[11] 達尼號及其船員，還有夏克與宋君榮，必須等到六月季風轉向之後，才能完成他們前往中國的旅途。至於其他船隻，則是繼續前往法國的航程。[12]

不過，他們必須先到爪哇的荷蘭屬地去賺些錢。那裡的機會聽起來極為誘人，不去看看實在太可惜了，謠言盛傳那裡有龐大的商機等待著他們。自從一七一八年以來，荷蘭商人一直想壓下中國茶葉的價格，康熙皇帝為了報復，下令禁止中國與荷蘭之間的貿易活動，法國船隻自然可以好好利用此一機會牟利。

一七二二年三月五日　星期四
印度洋上

孔蒂親王號必須獨自返回法國。加拉蒂亞號與摩爾號都已不見蹤影。問題發生在爪哇。二月，三艘船隻一起駛進看起來充滿希望的海灣，可是他們一定走錯了地方，因為那裡根本找不到人交易，甚至也沒有補給品可供他們添補，只有一些從其他村莊逃到這裡的逃犯，以及遭到原本居民遺棄的小屋。

他們起錨準備離開，由加拉蒂亞號與摩爾號領頭，孔蒂親王號緊跟在後。就在前兩艘船隻繞過海灣的岬角之際，灣裡的風卻突然停了，那兩艘船在強風的吹拂下不斷加速前進，孔蒂親王號上的人員卻只能看著他們逐漸遠去，自己卻反倒被水流帶回灣裡。鮑格蘭船長只好下錨，以免船隻撞上岩石。接下來一整天，船上的水手試圖捲起錨而朝向海灣的出口移動。[13] 這樣的努力仍是徒勞，他們只得在海灣裡待上一夜。第二天一早，他們在海風的吹拂下順利駛離海灣，但另外兩艘船隻早已不見蹤影了。

胡若望還是持續暈船。傅聖澤從沒見過有人暈船暈得這麼嚴重，而且時間持續得這麼久。[14]

一七二二年三月　下旬

接近好望角

胡若望和一名法國水手打了一架。那個水手確實打了胡若望，但胡若望有沒有還手則不太清楚。鬥毆的起因是兩人不曉得為何起了爭執，而那名水手認為被胡若望辱罵了。[15] 胡若望也許確實有罵人，因為自從他的身體狀況在三月中逐漸康復之後，就一再批評船上的士兵和水手言行吵鬧粗魯。[16]

那場鬥毆似乎使他陷入了憂鬱。此外，一名船員因為犯了過錯而在艦橋上遭到公開鞭笞懲罰，胡若望也和其他人一同圍觀了行刑過程，結果又變得更加沉默。[17]他似乎認為同樣的遭遇也可能發生在他身上。

一七二二年三月三十日　星期一

繞過好望角

強風迫使孔蒂親王號以極快的速度前進，一天可航行一百至一百五十海浬，但位置卻遠在好望角的南方。海流與強風共同把他們帶上了這條偏差的航線，以致他們根本沒有機會在好望角靠岸補充淡水及其他用品。[18]

海水波濤洶湧，強風又吹折了一根桅杆。[19]他們似乎位在南緯三十六度，而且還不斷往南航行。他們必須接近非洲沿岸，才能繞過好望角並且迎上往北的海流，尤其是如果想到聖赫勒納島（St. Helena）靠岸進行補給的話。

一七二二年四月　中旬
南大西洋

孔蒂親王號完全錯過了聖赫勒納島。他們也許是在夜裡航經了那座島嶼，傅聖澤寫道，不然就是航行位置太過偏南，根本沒有經過那裡。

船上的淡水幾乎已經用罄，糧食存量也所剩不多。許多士兵和船員都罹患了壞血病，而且疾病擴散的速度非常快。

鮑格蘭船長不確定接下來該怎麼辦，於是召集了所有高級船員開會。[20] 經過一番爭辯之後，他們決定航向巴西聖薩爾瓦多的萬聖灣（Bay of All Saints）。就主要的風向與海流方向來看，那裡是可行的停泊地點當中最近的一個。以目前的狀況而言，他們如果不設法靠岸，恐怕沒機會活著抵達歐洲。

一七二二年五月九日　星期六

巴西萬聖灣

一顆砲彈擊毀了孔蒂親王號的索具。鮑格蘭船長下令推出大砲回擊。在一片煙霧和喧鬧當中，實在很難判斷目前的狀況。他們正遭到一艘海盜船的攻擊，對方試圖阻擋他們駛入通往萬聖灣的航道，想要把他們逼回外海，以便打得他們無法前進，再登船劫掠船上的財物。

那天午後不久，兩艘船隻剛發現對方的時候，曾經試圖溝通以避免血戰。對方船隻懸掛著葡萄牙的旗幟，孔蒂親王號則是掛著法國旗幟，船員曾試圖和對方打招呼。不過，孔蒂親王號上沒有人精通葡萄牙語，聽不懂敵人說些什麼，而另一艘船上的人員顯然也不懂法語。

孔蒂親王號不論人數或火力都屈居劣勢。如果對方真的登船，鮑格蘭船長手下只有不到七十人能夠作戰，而且孔蒂親王號上也只有不到三十門砲。那艘葡萄牙船隻有五十六門砲，而且船上似乎有數百名武裝人員。不過，鮑格蘭和他的船員還是決定打到底，他們要是投降，一定會失去一切。[21]

天色逐漸暗了下來，下起大雨，還冒起陣陣濃霧，敵船的身影忽隱忽現。鮑格蘭船長下令把所有武器都搬到上甲板，好讓船員與水手準備驅退登船的敵人。胡若望看到眾人拿取武器，也拾起了一把彎刀。他以凶猛的姿態揮舞了幾下彎刀，然後在上甲板昂首闊步，身形雖小，在薄暮當中卻是殺氣騰騰。[22]

霧氣突然裂開一道空隙，鮑格蘭船長發現通往萬聖灣的航道通暢無阻。他把船隻掉頭，加速駛向港口，避過左舷的伊塔帕里卡島（Island of Itaparica）沿岸的危險礁石，終於駛入受到聖薩爾瓦多城大砲保護的停泊處。[23] 但令他們吃驚的是，那艘海盜船竟然跟了過來，並且在不遠處下錨泊船。

他們上岸之後交換訊息，才終於解開了謎團。那艘海盜船根本不是海盜船，而是葡萄牙總督的海岸巡邏艦，正在執行保護港口的任務。由於外國商船總是在十月至四月之間為了前往西印度群島而航經巴西水域，卻從來不曾在五月出現，因此葡萄牙巡邏艦的船長反倒以為孔蒂親王號才是私掠船。[24]

一七二二年五月二十日　星期三

巴西萬聖灣

孔蒂親王號停泊在萬聖灣裡。在狹長的海灘與少數幾間散布於碼頭周圍的建築物和倉庫後面，一道峭壁高聳天際。沿著峭壁邊緣，可以見到雄偉的聖薩爾瓦多城裡整齊排列的高塔與尖頂。這裡不僅是總督府所在地，也是葡屬巴西的首都。這座城市的位置相當高，所以還特地建造了三部巨型絞盤，以便從底下的碼頭吊起居民所需的貨品。[25]

此時巴西正值初冬，但聖薩爾瓦多市周圍的田野和山丘仍然一片青翠。在這裡，新鮮蔬果與肉類，還有飲用水，想必都非常豐富。此外，在法國船員眼中，巴西女子的美貌更是如夢似幻。據說許多船隻就因為船員沉迷於這座城市的聲色之娛，而在此耽擱數週之久，直到航程不能再延遲的時候才啟航，載著疲累不堪的船員離開。[26]

但就目前而言，胡若望和船上的法國人都只能憑空幻想這片土地的模樣。駐在聖薩爾瓦多的巴西總督孟席斯（Vasco Fernandez Cesar de Meneses）對於孔蒂親王號向他的海岸巡邏艦開火深感氣憤，又不相信這艘船隻不是私掠船，因此下令船上人員皆不得上岸，必須等待他的手下徹底檢查船上的每一個角落。孟席斯個性嚴苛，意志堅定，就連船上的病患也同樣不許上岸。鮑格蘭船長要求的補給品仍未能取得，以致船上的壞血病無從獲得緩解。孔蒂親王號上有些人因此病重而死。

在聖薩爾瓦多的耶穌會士敦促下，總督終於對他的上岸禁令開了個例外——傅聖澤神父，准許他住宿於耶穌會學院，那裡共有二十四名神父與弟兄。他在那裡已經待了一整個星期，得到無微不至的招待，而且完全不肯收他的錢。他們給予他充分的時間閱讀，也讓他在借住的房間裡與人安靜地談話。他因此得以完成部分寫作。[27]

還有一件令人欣喜的巧合——貝勒維爾弟兄（Brother Charles de Belleville）也住在這裡。身為畫家、雕刻家與建築師的貝勒維爾在一六九八年抵達中國，比傅聖澤還早了一年。他設計並監造了北京與廣州的耶穌會院，而傅聖澤在這兩處都居住過；而他的宗教畫作也可見於中國的幾座教堂裡。他在一七〇七年被召回歐洲，接著在一七一〇年被調到聖薩爾瓦多繼續他美妙的工作。他和傅聖澤有聊不完的話題。[28]

耶穌會宿舍的花園位於峭壁頂端，種滿了花卉與可可樹。耶穌會教堂的正面砌著歐洲運來的白色大理石，就矗立於宿舍旁，高高俯瞰著城市的中央廣場。三道龐大的長方形門口上各有一個壁龕，立著三尊雕像，分別是該教派最具影響力的三位創派神父：羅耀拉（Ignatius of Loyola）、沙勿略（Francis Xavier）與博日亞（Francis Borgia）。在這三尊雕像上面，五面高大的窗戶把東方的陽光迎入室內，照亮了深色木雕與微微閃亮的銀飾。教堂的西端是聖器收藏室，妝點得特別華麗，結合了各種相異元素，天花板繪製了繁複的圖畫，地板則鋪設了藍色與黃色的花樣磁磚。[29]透過聖器收藏室低矮但寬闊的窗戶，西方的景色盡收眼底，視野能夠伸展至峭壁底下，越過海灣，眺望停泊在巴西陽光下的孔蒂親王號。在那艘人員遭到軟禁的船上，水手正在疾病中掙扎，而且這當中還有一個中國人，名叫胡若望。

一七二二年五月三十一日　星期日

巴西外海

孔蒂親王號駛出了萬聖灣。經過一番搜查後，沒有在船上找到任何非法貨物，總督的態度終於軟化，允許補給品上船、修復桅杆，法國軍官與船員也得以上岸。當時他們在船上已經待了十四天，患病的人員也已有十八人死亡。[30] 離開的計畫相當匆忙，他們取得的糧食與飲水量也不如預期。原來冬季是巴西糧食稀少的時節。[31] 螞蟻把當地居民種植的蔬菜咬食一空，唯一數量龐大的新鮮作物是柳橙和香蕉，但腐敗速度的極快。至於肉類，當地似乎沒有羊肉，雞肉也很少，牛肉則品質不佳。

傅聖澤在最後一刻才由當地的朋友送到碼頭上船。經過這次上岸小住，他不但身心得以放鬆，也獲得了充分的休息，現已迫不及待要展開最後階段的旅程。[32] 現在，他必須讓胡若望做好準備，以便迎接往後的生活。

一七二二年七月　下旬

大西洋上

將近兩個月來，風向都與他們的航向相反，以致航行進度非常緩慢。六月和七月並不適合從西南往東北橫越大西洋。

胡若望很平靜，但瘦得有如皮包骨。他的言行舉止變得更加卑順，不必傅聖澤開口就會自動泡茶，在必要的時候也會自動布置船上的小聖壇供彌撒使用。傅聖澤神父主持彌撒的時候，偶爾也會讓胡若望幫忙。

胡若望向傅聖澤神父透露自己看見了一個異象。他說自己的心中滿是天使，而且都在呼喚著他，說他負有一件特殊任務，必須引介中國皇帝認識基督教的真理。那些天使並不認為這是一件困難的任務。33

傅聖澤不希望胡若望沉迷於這種想法當中，於是試圖轉移他的注意力，向他說明歐洲人的生活方式與習俗，以及到了法國之後會見到什麼樣的情景，如此一來，應有助於減輕文化差異對他造成的衝擊。但讓傅聖澤擔憂的是，胡若望似乎根本沒有聽進去。

一七二二年八月　中旬

拉科魯尼亞外海

說來雖然不太可能，但孔蒂親王號上的糧食又快吃光了，而且淡水存量也少得危險。從巴西前往法國的旅程應該只要四十五天，結果卻花了超過七十天，而且現在也才抵達西班牙西北部的拉科魯尼亞港口（La Coruña）而已。那裡的有關單位不肯讓他們靠岸補充補給品，原因是馬賽爆發了瘟疫，所有法國船隻都成了各國警戒對象。西班牙指揮官可不管孔蒂親王號根本沒有接近過馬賽或甚至是地中海。[34]

他們在港口外下錨，一方面因為風向不對而無法繼續往北航行，另一方面又遭到西班牙官方禁止靠岸。

鮑格蘭船長只要覺得憂心，就會召開會議。這一次，他也把傅聖澤神父找來一起參與商議。在會議進行期間，胡若望顯然猜到了討論主題，於是走到門口打斷了他們的爭辯。胡若望站在門口，以中文呼喚傅聖澤，要他聽聽自己的意見。胡若望有個計畫。「給我一艘能夠划到鎮上的救生艇，」他對傅聖澤說：「我會說服總督重視我們的需求，讓他准許我們上岸採購我們維生所需的物品。」

傅聖澤一口回絕這個主意，但胡若望卻不肯放棄，反倒提高嗓門，再次重複他的提議，並且一再為自己的論點增加理由，指稱船上的人員也有權利，他會迫使西班牙人瞭解並尊重此事。就在他說得口沫横飛之際，法國船員插嘴向傅聖澤詢問他究竟在說些什麼。傅聖澤向他們說明胡若望的意圖，但盡量淡化他的用詞。船員聽了之後，都深感意外又覺得好笑。

胡若望沒有獲准實行他的計畫。鮑格蘭船長決定買下西班牙人願意送來船上的少數補給品，並祈求一切順利，能夠順著沿海的風向駛回家鄉。傅聖澤開始懷疑胡若望的神智是否正常：他對那場鬥毆悶悶不樂，那天在砲火下揮舞著彎刀，然後又看見天使的異象，現在又自告奮勇要划救生艇上岸。胡若望如果神智不正常，傅聖澤就必須決定接下來該怎麼做。

傅聖澤對於中國的瘋病所知不多，但他二十二年前的夏季在江西事奉之時，曾經見過一個案例。一名年輕女子和八名年輕男子都不幸患病，傅聖澤仔細觀察了他們的症狀，並且向法國的一名通信對象談及這些病患，以那名女子（年約十七或十八歲）當做範例：「她外表上看起來完全健康，飲食的胃口都很好，也能管理家中的事務，言行舉止也都相當正常。不過，她常會在意想不到的時候突然發瘋，說起某些遙遠或者根本不存在的事物，彷彿那些事物就在她面前，宛如親眼看到了一樣。」那些年輕男子也有同樣的症狀，一旦發作就必須綁起來，以免傷害自己或他們的家人。他們後來都藉著在家裡陳設十字架以及潑灑聖水而獲得治癒，但這段經驗還是令人百思不解也頗感不安。[35]

無論如何，胡若望的表現和那個江西家庭的狀況並不相同，而且這段航程也確實極為漫長。等到他們上岸之後，胡若望必定就會平靜下來了。[36]

一七二二年八月二十七日　星期四

路易港

航海旅程終於結束了。昨晚他們就知道船隻已經接近法國了，但必須先在外海下錨停泊。等到天一亮，鮑格蘭船長就隨即航向格瓦島（Isle de Groix）。在那裡，每當有船隻從東印度群島或西印度群島回來的消息傳開，就會有一群小船聚集過來，船上的不列塔尼船員對於海岸線上的每個小海灣都瞭如指掌。他們會先卸下船員與水手私自攜帶的貨物，以免這些貨物遭到國王的稅務官員盤點。他們可以在上岸之後再取回這些貨物，藉以販售發財。不過，東印度公司的武裝船隻卻太早到了。一名海關官員率領十人左右的衛兵登上孔蒂親王號，所有小船都遭到阻擋而不得靠近。艙門與庫房門口都有人看守，船員的臥艙都遭到搜查，所有物品貼上封條，然後船隻即被護送到路易港的停泊地點，港口上方可見到堡壘的大砲。衛兵仍在孔蒂親王號上，看守著船上的各個角落。[37]

在甲板上，胡若望能夠越過海灣而遠眺法國，看見一排排堅固的石屋，屋頂皆由石板鋪成，還有看似繁忙的碼頭、斜坡沿岸，以及北方林木茂密的岬角。[38]

在甲板下方，傅聖澤正在寫信給法國的耶穌會上司奧瑞（Orry）神父，向他概述這場航程。天色逐漸暗了下來，只見岸上小鎮裡的燈光一盞盞陸續點亮。[39]

第四章　上岸

一七二二年八月二十八日　星期五

路易港

清晨，印度公司一位名叫勒斯托貝的主管登上孔蒂親王號，再次複述命令，不得攜帶任何物品下船。[1] 他也警告船上人員不得違法上岸，但禁令沒有擴及鮑格蘭船長及其他政府官員。他們當天中午即可到路易港吃午餐。

傅聖澤利用早上的時間又寫了另一封長信，這次寫信的對象是國王圖書館館長比尼昂（Abbé Bignon）。傅聖澤想到，透過比尼昂與王室的關係，也許能夠讓他的十一箱書籍快速通過印度公司漫長的查驗程序。只要書能夠愈快獲得放行，他就能愈早繼續自己的偉大工作。為了取得比尼昂的支持，傅聖澤必須說服他相信這項工作確實非常重要，而且關聯重大。「二十三年前，」傅聖澤寫道：「我開始學習說中文和中國字，一心希望能夠找出方法深入那個國家的文字遺跡。那些典籍的書寫風格、所採用的表意文字、古老的歷史以及探討的主題，這一切在世界上都獨一無二，即便在其他文明發展程度最高的國家也找不到同樣的東西。這一切都深深勾起了我原本就相當活躍的好奇心，而且我可以向您保證，為了滿足此一好奇心，我絕對是用盡了各種方法。經過多年鍥而不捨的研究，我已開始看出一條確切的道路，能夠通往這個長久以來令我不得其門而入的神祕深淵。我研究得愈深入，發現的驚奇也愈多，終於確信這些文字遺跡就像是一座庇護所，保存了最珍貴的古代珍寶，但歐洲對此卻向來一無所知。」[2]

傅聖澤認為自己這麼說並不誇大：比尼昂不僅充滿智慧，又對遠東地區深感興趣，必然是天意挑選來促成此一重大工作的人選。只要他和傅聖澤合作，必可揭開那模糊不清的真理核心，「八千多年前，最神聖的族長們把它隱藏在含意深遠又神祕的象形文字當中。從中國文字的源頭來看，這才是我們必須有的正確理解」。

這封信最棘手的部分，就是該如何說服比尼昂運用他的影響力協助傅聖澤。傅聖澤決定採用這樣的說法：比尼昂等待著布雷特施在中國採購下一批書籍並且送來法國的同時，也許可以暫時先使用傅聖澤的那十一箱書籍。「我斗膽提供您幾千本我精心收藏的書籍。」他以謙遜的語氣寫道。比尼昂如果對這項出借的提議有興趣，那麼他說不定也會想要借用胡若望。傅聖澤雖然似乎只是順口提及這一點，卻表達得非常明確：「有個懂得書寫而且能力不錯的中國人隨我同行。已經有人承諾在義大利幫他找一份體面的工作，但如果有人想要把他留在法國，他可能也會同意配合。中國典籍的闡釋需要有中國人的協助，就算不考慮這一點，中國人也可幫忙抄寫及摘錄書籍內容，以及找出特定篇章。」

傅聖澤寫完了信，也標上了日期，但還來不及封緘，就聽到孔蒂親王號上起了一陣騷動。竟然有一艘王室船隻前來接他！這項消息實在令人訝異，但他隨即就得知了原因。孔蒂親王號的船員在那天上午到了岸上去，和路易港管理單位的資深官員埃提安馮索瓦・雷諾（Etienne-François Renault）共進午餐。他在過去兩年來擔任海軍補給官的職務。在餐桌上，船員提及船上有一位傅聖澤神父，結果雷諾正好熟識傅聖澤。原來他們在二十四年前曾經一起在路易港搭乘樂保號前往印度，當時他們兩人都才剛要前往東方服務，雷諾到印度尚德那哥（Chandernagore）的法國工廠，傅聖澤則是到中國加入傳教團。[3] 雷諾隨即運用他的官方特權，命令王室船隻的船長率領四名船員划船到孔蒂親王號，把傅聖澤神父接回家。傅聖澤一定要接受雷諾的款待，不能在船上多待一天。

傅聖澤對於這項邀請雖感意外，卻也相當開心。實際上，在許多年以前那場漫長又危險的旅程上，他和雷諾成了感情非常好的朋友。問題是，他該拿胡若望怎麼辦？胡若望對於歐洲人的禮儀習俗仍一無所知。說不定他會成為雷諾的負擔，說不定會造成雷諾難堪。傅聖澤一旦到了路易港的鎮上，就可以從容地幫胡若望找尋住所，讓他感到舒適自在。王室船隻已在等待，他沒有時間仔細思索這件事了。傅聖澤在孔蒂親王號上已經待了超過八個月，路易港或羅利安又沒有耶穌會宿舍。他必須趕緊做出決定，於是搭上王室船隻，朝著海岸而去，身上帶著要給比尼昂的信件。他沒有時間和胡若望討論信件的內容。

胡若望和其他人一起留在孔蒂親王號上，繼續接受衛兵的監視。現在，船上沒有其他人會說中文了。下午過去了，第二個夏日夜晚再度降臨，胡若望仍被傅聖澤留在船上，沒人可以說話。一時之間，岸上隱隱傳來鼓聲。那是港口駐軍的樂隊在每天日落降旗時所演奏的音樂。[4]

一七二二年八月二十九日　星期六

路易港

胡若望終究還是來到了雷諾委員的家。結果證明傅聖澤的顧慮是多餘的。雷諾天性豪爽，一聽到傅聖澤說他在船上有個中國助手，就隨即堅持在第二天把他接過來同住。[5]

傅聖澤在今天上午前來接胡若望。他回到船上之後，塞了些菸酒給海關人員，設法說服他讓傅聖澤帶走一些私人物品；更重要的是，還帶走了他那十一箱共四千本書籍的書單。這時還不可能把書帶下船，他的十一箱書籍都被東印度公司的檢查員貼上了封條，要存放在哪裡接受查驗也還沒決定。傅聖澤提議把書籍和胡若望出借給比尼昂，那封信件已經寄了出去，說不定屆時可以獲得王室的協助。他在將近一年前和布雷特施一起在廣州採購的那七箱書，早已在七月運到，因為加拉蒂亞號比孔蒂親王號整整早了兩個月抵達路易港。[6] 那七箱書已在送往國王圖書館的途中，東印度公司不敢加以拖延。

傅聖澤帶著胡若望和書單來到雷諾的宅邸。雷諾撥出二樓的房間給胡若望居住。他將與雷諾年約五十歲的女管家一起用餐。雷諾沒有結婚，這位女管家在路易港為他料理所有家務已有很長一段時間了。

胡若望覺得房間的空氣太悶，床架也太高。他把床墊和底下的草墊搬到地板上，然後打開了窗戶。屋裡的傭人看到之後，就把床墊搬回床上，並且關上窗戶。接著，胡若望又把床墊搬到地上，再次開窗。這場沉默的拉鋸戰不斷來來回回，直到傭人放棄為止。於是，胡若望就這麼睡在地板上，夏末的微風陣陣吹入房間裡。

胡若望在另外一件事情上也沒有遵照雷諾家中的安排。他拒絕和雷諾的女管家一起用餐，甚至不肯讓她接近他。他只要一看到她，就會扮鬼臉、揮手驅趕她，或直接背對著她。每次用餐他也都這樣對待女管家。最後，他們終於讓他單獨用餐，在一間那名女管家不得進入的房間裡。[7]

一七二二年九月一日　星期二

路易港

雷諾在路易港人面極廣。他在這裡雖然才待了兩年多一點，但由於他負責督導海軍補給品的採購與配送工作，而得以接觸各行各業的人士。他認識為船隻生產餅乾的烘焙行、酒桶製造商，還有提供大型酒窖讓船隻在開航前儲存葡萄酒的租賃業主，以及販賣沙丁魚、食用油、蔬菜與肉類的商人。這些物品都必須由雷諾和他的手下採購及儲存，其他人則負責軍火與海軍補給品。

雷諾手下的許多工作人員都住在羅利安這座比較大的造船城鎮，但雷諾比較偏好路易港愜意的生活環境與美景，而且像他這樣的人還不少。[8] 透過雷諾的引介，傅聖澤結識了當地的商人、軍人以及任職於印度公司的人員。[9] 他今天和鎮上的要人一同進餐：國王代表暨堡壘指揮官瑞克伯格（François Burin de Ricquebourg）。他現年四十八歲，來自皮喀第（Picardy），兒子是耶穌會的成員。[10] 傅聖澤也見過了港口主管比各（Paul Bigot），並且和曾任船長但現為鎮上海軍司令的帕克（Louis Martin du Parc）共同用過餐。[11] 目前帕克與瑞克伯格為了停泊在格瓦島的返國船隻歸誰管轄而相執不下。[12] 此外，傅聖澤也結識了東印度公司的主管人員、當地的教士，甚至還有鎮上的普通居民，只因為他在外出途中受到他們住家的美麗花園所吸引而入內歇腳。

傅聖澤既然都在富裕人士的圈子裡活動，就必須為胡若望準備一套歐洲服裝。路易港是個繁榮的城鎮，雖然不大，卻至少有十幾家裁縫店可供選擇，更遑論其他布商。傅聖澤心情極佳，於是慷慨地挑選了一名絕佳的裁縫師。他為胡若望訂做了一件布料精緻厚實的套裝，因為秋天即將來臨，還加上了一件合身的及膝排扣裘斯特克式外套（justaucorps）。套裝和外套都是深褐色——當時的人開始稱之為「咖啡色」，因為摩卡咖啡已在法國成了一種廣受喜愛的飲料。[13]

胡若望對路易港充滿好奇，也開始探索這座城鎮。他穿著新衣到處走動，仔細觀察著一切事物，彷彿是在為自己打算寫的回憶錄蒐集材料，這點也跟傅聖澤說過。他尤其對法國人長途旅行所搭乘的大型馬車深感著迷。這種馬車無法穿越路易港市區陡峭的狹小街道，那些街道的路面上不但滿是坑洞，而且轉彎角度常常大得難以置信；不過，在客棧旁那座周圍種滿了樹木的廣場與通往城鎮的大門旁，這種馬車就很常見。胡若望借了紙張，畫了幾張這種馬車的素描。[14] 他也會花一、兩個小時抄寫傅聖澤的書籍，但除此之外，心思顯然都放在其他事物上。[15]

一七二二年九月二日　星期三

路易港

胡若望今天偷走了一匹馬，或者也可以說是借走，端看你採取什麼觀點。[16] 事件的發生過程非常短促。胡若望站在二樓房間的窗前俯瞰著底下的庭院。一名來自鄉下的信差騎著馬直入庭院，因為雷諾的住家是路易港少數空間較為寬敞的宅邸，大門的寬度可讓馬匹輕易穿越。那人把馬繫好，隨即進入屋裡執行他的差使。胡若望就在這時匆忙下樓，解開馬匹的繫繩，爬上馬背，朝著鎮裡奔馳而去。

他以前不曾騎過馬，但很快就抓到了訣竅。路易港的街道對於馬車而言過於陡峭曲折，對單人一騎而言卻是相當寬闊，可以讓人沿著城牆底下繞行一圈。這裡的城牆非常優美，遇到戰事卻極不實用，因為守城的士兵在城牆上又高又窄的走道上根本無法錯身而過，甚至可能被火繩槍的後座力震得跌下城牆。若是在狹小的街道上奔馳，目光一定不免透過房屋之間的縫隙而深受底下的海面所吸引。在堡壘底下空曠的操練場可以盡情奔騰，望著堡壘的星形稜堡突出於水上，還有一條狹窄的橋樑連接堡壘與城鎮，橋下的樁基不斷受到潮汐的沖刷。此外，一旦穿越城牆中的拱門，即可騎上狹長的海灘，或是沿著路樹茂密的彭因特路快意奔馳，道路兩旁的住戶都是從事東方貿易的富商。[17]

胡若望騎了很長一段時間。馬匹主人等不到他回來，只好在鎮上到處找尋他的蹤影。他後來遭到責罵，卻毫無悔意，反倒向傅聖澤問道：既然馬匹擺著沒有人騎，為什麼不能先讓別人使用？

路易港的居民開始把胡若望稱為「唐吉訶德」。傅聖澤開始納悶自己是不是根本不該等待比尼昂的答覆，而是立即把胡若望送回中國。[18]他進行探詢，卻被人告知東印度公司不會在這個季節派遣船隻前往中國。想要擺脫胡若望並沒有這麼容易。

一七二二年九月九日　星期三
路易港

胡若望沒有再騎馬，但也沒有從事多少抄寫工作。傅聖澤估計胡若望自從上岸以來，總共大約只工作了六個小時。[19]因此，他顯然沒有資格領取薪資。

傅聖澤收到了國王圖書館長比尼昂的回信，那是九月四日寫於巴黎，以回覆傅聖澤在八月二十八日寫於船上的信件。[20]比尼昂感謝傅聖澤協助布雷特施為圖書館採購那七箱書籍（布雷特施在那三艘船離開廣州的兩天前寫了一封信，提及傅聖澤對這次採購任務的協助），也感謝他出借胡若望的提議。「你帶來一個土生土長的中國人，真是再理想也不過了。而且，由你對他的描述，無疑是個書生。他如果願意跟著我，就必須讓他待下來——對他來說，待在這裡一定會比去義大利好得多。」比尼昂接著發下豪語，號稱他的目標是要大幅推廣中文學習，使其在法國的普及性就像當前的阿拉伯文一樣。

在比尼昂主持下的中國圖書館規模已愈來愈壯觀。在一六九七年以前，法國國王只有四本中國書籍，是樞機主教馬薩林（Jules Mazarin）在路易十四掌政初期致贈的禮物。同年，康熙皇帝透過白晉（Joachim Bouvet）神父送來了四十九本有關語言和博物學的中國書籍。一七〇〇年，洪若翰（Jean de Fontaney）神父送給國王一套十二冊的滿漢辭典。一七〇八年，海關主管人員送給了國王十四箱中文與滿文書籍，有些箱子以藍色緞布綁縛，有些以黃色錦緞綁縛，其中共有一千三百本書，原因是這些書在十五年前被法國的海關檢查員扣押，卻都沒人認領，傅聖澤要是知道這件事必然會嚇出一身冷汗。同一年，路易十四世又增加了三本書，是在王宮的櫥櫃裡找到的，其中兩本是由西方傳教士所寫的中國天文學，另外一本則是以中文敘述加上插圖的基督生平。比尼昂在一七一八年被任命為國王圖書館館長，也向國王呈上了幾本中國書籍。次年，他從外方傳教修院（Seminary for Foreign Missions）取得了八百本中國書籍，並把這些雜亂無章的書本湊成了一套重量級的圖書收藏。[21] 布雷特施的那七箱書——其採購工作不僅受到傅聖澤的協助，更是依據比尼昂的同僚、漢學家傅爾蒙（Etienne Fourmont）所訂定的指導方針編列——總共有一千七百六十四冊。難怪比尼昂會對傅聖澤那裝滿了十一箱的四千本中國書籍感到興趣。

傅聖澤立即回信。他那十一箱書如果有助於比尼昂的重大事業，那麼他當然非常願意幫忙，但他本身的計畫還沒確定。至於胡若望的事情，則必須進一步說明。「和我一同來到法國的那個中國人不是飽學鴻儒，甚至連個功名都沒有，但他懂得書寫，也看了一輩子的書。他現年四十歲。能把他引介給你是我的榮幸。如果你認為他能夠幫上你的忙，那麼我會建議他待在法國，並把所有的好處都告訴他。」

傅聖澤的計畫有可能為胡若望開闢出一條光明大道。他知道十二年前曾有一位名叫黃嘉略的中國人被天主教教士帶到法國來，結果在巴黎定居，任職於王室圖書館，工作相當勤奮，並且結了婚，生下一個女兒，後來在一七一六年才因為疾病而導致全家人先後去世。比尼昂也知道黃嘉略的例子。黃嘉略如果沒死，圖書館裡的所有中國書籍早就可以編成完整的目錄。[22] 有了胡若望和比尼昂主導，法國的中文圖書館說不定能夠享譽歐洲。

一七二二年九月十五日　星期二

路易港

傅聖澤埋首於自己的職責和書本，以致根本無暇注意胡若望。他把自己那十一箱書籍的完整書單寄了一份給比尼昂，並且詳細說明了那些箱子裡為何還裝有個人財物及歐洲書籍。[23] 此外，他先前忘了自己還有第十二個箱子，裡面裝滿了各種雜物。他擔心東印度公司的檢查員會以為他想要偷渡非法貨品。神職人員並沒有免於起訴的特權。十三年前，信心號（*Confiance*）的隨船牧師儒安（Abbé Jouin）就被控利用送到朋友家中的酒桶與木箱走私銀器，又詐騙了船上書記員應得的利潤，而在路易港堡壘被監禁了四個月。[24]

傅聖澤請求東印度公司的官員讓他把船上的箱子打開，以便風乾內容物，但對方不為所動。箱子在旅途中不免遭到損壞，他知道有些書都潮濕了。[25] 東印度公司下令所有箱子必須原封不動地送到南特的倉庫，屆時傅聖澤也必須親自到那裡辦理通關手續。傅聖澤為他自己和胡若望預訂了下週四的兩個馬車座位。

胡若望對路易港的探索更為徹底了。他對這座城鎮的觀察似乎遠比別人預料的還要深入得多，尤其是還能看穿這裡表面上的繁榮，而注意到那些生活悲慘的底層民眾——這種例子其實隨處可見：遭到解職的士兵、一上岸就把錢全部喝光的酗酒水手、父親總是不在家的孩子、梅毒病患與染病的妓女、堡壘附近醫院裡的截肢病患、扛負沉重的糞便而腳步蹣跚的糞便搬運工。[26] 相較之下，身穿咖啡色裘斯特克式外套的胡若望看來還尊貴得多。

傅聖澤向他說他們已訂了一輛私人馬車，即將離開路易港，胡若望卻說他不想走。他的態度極為堅定。他想要當乞丐，要一邊行乞一邊步行穿越法國。他不要馬車也不要馬匹，只要靠自己的雙腳即可。傅聖澤感到大惑不解，但他認為胡若望想要靠著雙腳走遍法國，可能和他想要寫一本旅遊回憶錄有關。現在已沒有時間遷就他的古怪念頭，而且無論如何也太過危險。政府對於身體健康的流浪漢已公布了新的逮捕與流放規定，胡若望要是遭到警察拘捕，恐怕會被送到路易斯安那的法國殖民地，甚至是其他更危險的地方。[27] 他們必須到南特辦理書籍的通關事宜，傅聖澤於是不再理會胡若望的異議，而確認了馬車的訂位。

第五章　鄉間

一七二二年九月十七日　星期四

路易港—凡恩（Vannes）

傅聖澤租用的馬車相當不錯，是一輛舒適而輕盈的雙人座敞篷馬車。雷諾率同傭僕一起歡送他們。胡若望一開始仍然不肯走，但後來卻突然改變主意，於是他們兩人也就出發了。雷諾的一名僕人騎馬伴隨著他們，因為雷諾必須到凡恩出差，所以要求僕人與傅聖澤同行，以便就近看管胡若望。[1]

他們一行人沿著通往梅勒文涅（Merlevenez）的道路往內陸前進，看著路易港與希昂泰克（Riantec）之間的潮汐灣和泥灘逐漸轉變為平緩的丘陵。在他們右側，透過草原上一株一株冷杉之間的縫隙，可以瞥見遠處的海面。道路不斷爬坡上升，兩旁滿是高大的樹木，而濃密的常春藤與一叢叢的槲寄生垂掛在他們頭頂上。溝渠愈來愈深，路旁糾結纏繞的樹籬愈來愈高，擋住了視線。灌木叢上長滿了夏末的莓果。[2]

胡若望從行進中的馬車上跳了下來，沿著樹籬跑下坡。他一把抓下那些不知名的莓果，塞進嘴裡，然後從樹籬間的缺口衝向道路旁的原野。雷諾的僕人騎馬追上他，才把他帶了回來。過沒多久，胡若望又再次跳下車，重複上演先前的情景。接著，又來一次。他們似乎怎麼樣都阻止不了胡若望逃跑，怎麼樣都沒辦法讓他乖乖坐在位子上。

再這麼下去，永遠也到不了凡恩。他們的行進速度慢得有如爬行。傅聖澤高吼著要胡若望回到馬車上，他卻只是咧嘴大笑。雷諾的僕人想要強押他回到車上，他卻乾脆整個人趴在地上，賴著不肯起身。那名僕人舉起馬鞭抽打俯臥在地的胡若望。

胡若望爬回馬車上，靜靜坐著。他們繼續行進了三、四個小時，穿越梅勒文涅，眺望著遠處的布拉委河（River Blavet）。爬上山坡到諾斯唐（Nostang），視野豁然開朗，可望見東北方的鄉野。越過一道道的橋樑，底下的潮溝上游都快到蘭德凡（Landevan），然後右轉，駛上連接佩斯特（Brest）與凡恩的主要道路。

在主要道路上，他們中午在一家客棧休息用餐。一個站在客棧門外的乞丐走向他們，請求他們施捨。他向胡若望伸出手，結果其他人都還來不及反應過來，胡若望就脫下了他那件全新的咖啡色裘斯特克式外套，遞給了那名乞丐。

傅聖澤怒聲要求雷諾的僕人強迫那個乞丐歸還外套。僕人隨即遵從命令，用鞭子抽了那名乞丐。乞丐趕緊歸還外套，但胡若望不肯接受，反倒大叫著說他絕不會收回那件外套，也絕對不會再穿。沒有人能夠改變他的心意，那名乞丐終於得以保有那件外套。

午餐過後，他們展開了途經奧雷（Auray）再前往凡恩的漫長路途。那名僕人緊盯著胡若望，但胡若望不再試圖跳下馬車。他只是默默坐著，身上穿著他的上衣和背心。他們就這麼從下午趕路趕到傍晚，只聽得到車輪與馬蹄的聲音。[3] 在他們前方，在凡恩城裡，在山丘上的一簇簇房屋上方，可以見到一座大教堂高高聳立在黃昏的天空下。4

一七二二年九月十九日　星期六

凡恩

凡恩的耶穌會學院環境非常優美，校長古耶特（André Goujet）和他的耶穌會教士同僚熱情迎接了傅聖澤。這裡其實有兩間耶穌會的機構比鄰並置，位於市集以北，就在城鎮的主牆外。學院本身自從一六二九年就由耶穌會教士主持，是不列塔尼東南部的第一座高等教育中心，獲得當地貴族與路易十三及十四的豐厚資助，並於一六七八年建造了一座屬於學院自己的華麗教堂。另外一間機構則是一幢四層樓的建築，原本用於訓練即將進入學院就讀的學生，現在則是成了對所有人開放的宗教靜修處所。

這兩幢建築物是凡恩的宗教生活中心，重要性甚至超越了大教堂及其分堂。學院的學生超過一千人，但都不是當地居民，他們居住在鄰近學校的寄宿處，位於市集廣場或聖伊夫大道上。這裡每月舉行兩次靜修會，每次為期八天，吸引了多達兩百名男性參與人士，而為女性所舉行的靜修會，則是在位於不遠處的烏爾蘇拉會（Ursuline）女修道院。靜修會歡迎所有人參加，沒有教士或俗民之分，但參加者受到的禮遇倒是會因為財富與階級而有所不同。靜修處的一座廂房裡，設置了許多寬敞的私人套房，僅供富人使用。主建物的一、二樓各有十七間私人房間，沿著中央走道排列，提供給具有一定身分地位的人士使用。三樓的一側設有一排小房間，每個房間裡各有兩張床鋪，供經濟拮据的人士住宿。至於真正的窮人，則是睡在走道對面緊密相連的簡陋床鋪。

靜修者都在餐廳裡用餐，餐點由中央廚房供應，也和住宿房間一樣有等級高低的分別。八天份的餐點費用可以高達六法郎八蘇，也可以只有兩法郎十蘇。如果支付較高的費用，每天三餐皆由精緻的陶器盛裝，餐點包括麵包、新鮮奶油、葡萄酒、湯，還有燉牛肉、羊肉或小牛肉，再加上甜點和沙拉，在齋戒日則由魚和蛋取代肉類。便宜的餐點只有陶碗盛裝的湯和一盤燉肉。窮人付不起用餐的費用，則必須自己準備食物，在隔壁的一個小房間裡用餐。屬於窮人的靜修者很多，包括低等工匠、學生以及鄉間的農民，而且靜修處也顧慮到他們的出生地，特別聘請一名會說不列塔尼語的教士，為這些「不通法語的善良百姓」聆聽告解。[5]

胡若望在這裡似乎過得很快樂。他言行平和，也協助傅聖澤神父舉行彌撒。傅聖澤神父又為他製作了一套新衣服，但不像上次那麼昂貴。他請耶穌會學院裡一名為學院師生製作服裝的弟兄幫忙，用粗布為胡若望製作一套衣服。[6]

傅聖澤全副心思都投注在自己未來的計畫，內容已演變得極為複雜。由雷諾從路易港轉寄而來的信件，確認了傅聖澤在法國的耶穌會上司的命令，要求他到羅亞爾河畔拉夫勒什（La Flèche）的耶穌會學院報到，而不要前往巴黎。[7] 然而，他也還有教宗特使嘉樂從中國帶給他的指示，要求他前往羅馬，而這個命令尚未透露給其他耶穌會士知道。他的十一箱書籍都不在手邊，而是全被送到了南特。他已答應要到巴黎與比尼昂會面，也還有胡若望的問題要處理。[8]

傅聖澤在三封信裡傾訴了他的憂慮，一封寫給國王圖書館館長比尼昂，一封給國王的告解神父黎涅爾斯（Linières），最後一封則是寫給駐在巴黎的教廷大使馬錫蒙席（譯注：Monsignor Massei，「蒙席」為天主教神父榮銜），來自中國傳信部的所有訊息都經由他轉遞。如同傅聖澤向比尼昂指出的，最大的問題似乎在於財務方面。巴黎的耶穌會總部財力有限，所以不願負擔他長期住宿的費用，尤其是還帶著胡若望同行。此外，巴黎的消費水準非常高，傅聖澤自己也負擔不起長住的花費。他向比尼昂指出，如果他不必到拉夫勒什去，那麼他會很樂於把胡若望交給比尼昂。[9]

一七二二年十月五日　星期一
南特

胡若望與傅聖澤抵達南特已超過一個星期，但事情的進展並不順利。儘管傅聖澤已獲知自己將與東印度公司的某一名主管交涉，也親自從南特市中心跋涉數英里前往公司位於塞辛（Sesines）的倉庫，卻似乎無法讓他的書籍獲得公司主管人員首肯通關。[10]

實際上，南特對於耶穌會士向來不是特別友善。當初耶穌會最早想在南特成立學校或學院的嘗試，都遭到當地居民與大教堂分堂極力阻礙，原因是他們比較偏好其他教派。一六六三年，當地居民終於屈服於路易十四的直接命令，允許耶穌會在當地設立建築，卻還是要求他們不得教導文學、哲學與神學等核心課程，不能經營比「療養院」更繁複的設施，也只能在外圍市郊購置房地產，而不能在市中心。至於胡若望與傅聖澤目前在市中心居住的這棟附有花園的大宅第，則是巧妙規避此一禁令，利用中間人的名義，透過巴黎的不動產業者以四萬法郎的龐大金額購得。儘管耶穌會也巧妙規避了當地居民對於學校教導科目的禁令，而開設了航海、數學與水道學等課程，認定海外貿易與探索必然需要這些技能。學生都經過刻意挑選，對象包括剛從學校畢業的年輕人，以及想要提升自身地位的資深水手。但學生經過兩年課程所取得的證書卻不受法國海軍所承認，而必須再次接受海軍舉辦的測驗。一七一五年，不列塔尼議會取消了航海學教授的年薪，於是這門課程現在只偶爾開辦。在這種令人沮喪的情況下，住在宿舍裡的耶穌會士極少超過十人。[11]

胡若望又變得悶悶不樂了。他徹底拒絕協助舉行彌撒。他向傅聖澤說教堂裡女人太多，這點令他感到不悅。廣州的耶穌會教士遵循中國習俗，不讓女性參與宗教儀式，而且中國人甚至也不讓女性公然在街上行走。[12] 不過，傅聖澤認為胡若望來到法國已有一個半月，理當要逐漸適應法國習俗才對。為了預防胡若望再次出現脫軌行為，於是傅聖澤只讓他待在他們寄宿的那座會館與花園裡——空間雖然寬敞，但還是不免有羈束之感。

傅聖澤仍然持續和比尼昂通信。比尼昂在九月二十四日親切地寫道，如果經費是主要的問題，那麼他會設法幫忙支應傅聖澤在巴黎的開銷。「至於你的那位中國人，你如果把他送到我這裡來，我將會非常開心。我們會供應他的生活，而他如果能夠對我們有所助益，那麼我將會找出方法把他留在這裡。請你以適當的方式和他談談這些事情。」[13]

傅聖澤在九月二十九日寫信向比尼昂表示，自己終於向胡若望提起了這件事情：「我已詢問了那名中國人對於前往巴黎的意見，結果發現他並不願意和我分開。不過，他還是有可能改變主意。我如果沒辦法親自帶他去找您，也會設法找個朋友帶他過去，把他送到您面前。」[14]

在同一封信裡，傅聖澤又向比尼昂吐露了他的心事，順著對方提及的財務短缺話題，談起自己擔心不知名的敵人暗中破壞他畢生的工作。「至於您問我的那個問題，我認為他們之所以決定不讓我去（巴黎），不是因為發願者之家（Maison Professe）缺乏資金——至少這不是主要的原因。我覺得這項決定背後還有其他動機。關於這一點，我目前還無法清楚說明，但我確實可以膽敢跟你保證，中國典籍有許多敵人，不論在中國還是這裡都一樣。這些典籍的支持者和捍衛者並不太受到那一類人的喜愛。如果我沒有猜錯，這才是他們下達那道命令的真正動機，從而剝奪了我——至少短期內是如此——和您談論這些古老典籍的榮幸與樂趣。我如果能夠與您當面談話，自然還有許多話要說，但寫信就無法如此隨興了。」

傅聖澤在十月三日寫信給駐在巴黎的教廷大使馬錫，對於自己的困境又說得更加直接，也顯得更為煩亂：「我身邊有個中國人，當初實在不該帶他過來。」前往拉夫勒什將會徹底破壞他們的關係，但胡若望「只要一聽到我提及我們必須分開，就會完全喪失理智，不論我怎麼向他說明這麼做其實對他有益，他都聽不進去」。

他該拿胡若望怎麼辦呢？「他很難相處，不但不懂歐洲語言，而且根本不瞭解我們的生活方式。他只聽得懂我向他說的話，而他也必須透過我轉達才能讓別人知道他的意向。由這點看來，他不肯在沒有我陪伴的情況下前往巴黎或義大利，顯然是可以諒解的。」不過，胡若望不是個易於相處的夥伴，個性相當執拗，並不「溫馴」。「我在這趟旅程上已經充分見識了他的本性，發現只要強迫他違背自己的意願，他就會做出各種出人意料的反常行為，我一定要竭盡全力避免引發他這種行為。」[15]

情勢愈來愈緊張，已逐漸超出了傅聖澤所能掌控的。教廷大使要求傅聖澤對他的羅馬之行保密，但他如果不透露自己必須奉命前往羅馬，就無法違抗前往拉夫勒什的命令。十月五日，傅聖澤終於下了決定。他寫信給耶穌會的法國教省首長尚・布丹（Jean Bodin），表明自己已經事先承諾要前往羅馬。[16]

在那同一天，儘管距離上次寫信給教廷大使馬錫才過了四十八小時，傅聖澤卻又寫了一封信給他，但沒有透露自己已給布丹寫了信。[17] 他再次重申自己在上一封信裡所寫的一切，並且重複了其中一大部分。胡若望如果隨著他到拉夫勒什，他的耶穌會同僚一定會不斷問他各種問題，屆時胡若望必然會透露出他們的羅馬之行。「就算我得以擺脫這個中國人，」傅聖澤繼續寫道，全世界也還是都會知道這趟羅馬之行的背景。

信紙上的文字工整又清晰：「就算我得以擺脫這個中國人……」

一七二二年十月二十日　星期二

南特

傅聖澤與胡若望總算要離開南特了。傅聖澤為自己和胡若望在明天的公共驛馬車上預訂了兩個位子。[18] 他們將沿著羅亞爾河谷前往昂杰與杜爾，再從那裡轉往布洛瓦、奧爾良，然後抵達巴黎。

傅聖澤疲累不堪。他花費了許多時間與精力之後，終於讓那十一箱書順利通關，現已經由海路運往勒哈佛（Le Havre）。他在十二天裡寫了十五封信，其中半數或是趕不上事件的發展，或是與別人的信件互相衝突，不然就是出現了自相矛盾的內容。而且，他的協商對象已大幅增加。[19]

比尼昂要求東印度公司的人員把那十一箱書籍原封不動送到巴黎，但儘管他是國王的圖書館長，這項命令本身卻還是不夠。[20] 檢查人員堅持親自一箱箱查驗，儘管這麼做不免對貨品造成嚴重損傷，傅聖澤也至少六度前往貨品保管處觀看盤點過程。[21] 此外，檢查人員重新封箱的時候不會確認防水措施是否完善，下雨的時候也不會把箱子蓋上，更不會修補箱子上損壞的木板。

在傅聖澤的警示之下，國王的告解神父黎涅爾斯與新任國務卿杜布瓦（Guillaume Dubois）樞機主教取得了聯繫。[22] 儘管這時已來不及阻止檢查人員仔細查驗那些書籍，但杜布瓦還是要求那十一箱書籍在查驗過後重新封好，經由海路運到勒哈佛，再藉由河運送至巴黎。為了確保這些書籍不再遭到侵擾，他下令必須直接送給巴黎警察總監阿尚松（Marc Pierre d'Argenson）。警察總監這個職銜聽起來雖然似乎沒什麼了不起，卻是巴黎治安機構的首長，而且每週都會到凡爾賽與國王及國務卿開會。這麼一來，傅聖澤的事務就接受最高層級的主導。杜布瓦也寫信給阿尚松，指示他在傅聖澤抵達巴黎之後把那些書籍交給他。[23] 傅聖澤其實寧可讓那些書籍經由陸路沿羅亞爾河谷運送，因為英吉利海峽在這個季節通常都會出現暴風雨，因此書籍遭到進一步損壞——甚至因為船難而徹底喪失——的風險相當高。[24] 不過，羅亞爾河谷路徑的運費昂貴得多，而且反正事情的主導權也已經不在他手中，但至少他和胡若望以及那些書籍，都得以離開南特了。

至於傅聖澤如果需要擺脫胡若望這個令他「難堪」的人物，黎涅爾斯也提出可能的解決方法。夏德修（Armand Nyel）神父是中國傳教團的資深成員，回到歐洲已有七年，目前人在巴黎，正準備搭船返回中國。「他一定會很樂於帶著那名中國人一起走。畢竟，你把那個中國人留在身邊恐怕會造成許多困擾，我可以預見到這一點。」[25]

不過，就算要這麼做，傅聖澤也必須先帶著胡若望抵達巴黎。至少這段旅程是確定的。傅聖澤實在不需要在十月五日寫信向布丹坦承他與嘉樂所做的約定，因為布丹早已決定撤除要他到拉夫勒什報到的命令，而允許他前來巴黎。[26] 這就是其中兩封互相衝突的信件。

至於胡若望呢？他處於一種古怪的狀態，隔離在那座寬廣的花園裡。他還是拒絕抄寫任何文字。傅聖澤沮喪地指出，他們九個月來共事的成果，就只有一小本的文件抄寫內容，許多人都可以在一天內抄寫出這樣的份量。

一天上午，就在傅聖澤主持彌撒的時候，南特會館的高階人員歐麥特（Aumaître）神父無意間望向窗外的花園，發現胡若望跪在花園裡，朝著天空高舉雙手，臉上表情扭曲，發出古怪的呼聲。[27] 屋裡沒有人明白他這樣的姿勢代表什麼意思，也不知道他想說些什麼。

一七二二年十月二十七日　星期二

布洛瓦（Blois）

從南特到布洛瓦的旅程並不順利。傅聖澤說胡若望就像脫韁野馬，又和他當初前往凡恩的旅途上一樣，在鄉間到處亂跑，只要看到自己沒見過的東西，就一定要跳下車去看。他一看到風車，也一定要爬上去研究其結構。[28]當初他們自己租用一輛馬車，就已經對胡若望這樣的行為深感頭痛，而他們現在搭乘的是公共馬車，胡若望的一舉一動更是不免引起眾人的震驚。

為了遏阻胡若望四處奔跑，傅聖澤於是為他購買了馬車後方的座位，遠離車門和窗戶。不過，胡若望卻非常善於藉著比手畫腳說服其他乘客把門邊的座位讓給他。他一旦在門邊的座位坐了下來，開門跳車就只是遲早的問題了。一天傍晚，隨著夜色降臨，所有人都擔心來不及抵達下一個驛站，於是車上乘客和幾個路過的行人利用一條繩子把胡若望和馬車繫在一起，迫使他跟著馬車跑。這麼做總算讓他暫時平靜了下來。後來他們為他解開綁縛之後，他就乖乖坐在椅子上，直到抵達客棧才下車。

對傅聖澤來說，每一頓飯都是一場考驗。胡若望似乎不明白廚房是外人不得涉足的禁地，反倒如入無人之境，看到餐桌和櫥櫃上的東西就自顧自拿起來吃。廚房員工一旦向他抗議，他就以高傲的態度用中文反過來對他們叫嚣，然後總是不免引來好奇的群眾圍觀，最後也常常出現拉扯、扭打的場景。有一次，胡若望甚至擎起一把刀子自衛。

傅聖澤盡力在事前向別人說明胡若望可能出現的行為表現，但胡若望還是經常有出人意料之舉。有時候，他拒絕和傅聖澤一同用餐，不但自己獨坐一桌，還要求傅聖澤拿錢給他自己點餐——以比手畫腳的方式。天氣如果寒冷，穿著長襪和兩件內褲的胡若望就會坐在客棧的火爐前，掀起外衣和襯衫下擺以溫暖臀部。[29]

傅聖澤不認為自己能夠把胡若望帶到巴黎的耶穌會總部。他一定會帶來流言蜚語，而傅聖澤最極力想要避免的就是這種狀況。[30] 他的書、他的研究，還有他在羅馬的生活，都會因此受到影響。在這種困境當中，他自然只能找朋友幫忙。他想到了兩個他喜歡也信任的朋友：杜赫德（Jean-Baptiste du Halde）與葛拉曼（Léonard Gramain）這兩位神父。[31] 傅聖澤在一六九六年於拉夫勒什教授數學的時候，杜赫德也是那裡的一名年輕講師，現在則是國王的告解神父黎涅爾斯的私人祕書。葛拉曼是傅聖澤年少時期的好友，在他事奉於中國的期間一直持續寄錢給他，供他購買更多的書籍，現在擔任奧爾良耶穌會學院的校長。[32]

傅聖澤在必要的時候也能夠非常果斷。他寫信給杜赫德，請他在巴黎為胡若望找個私人住所，接著又訂了兩個往奧爾良的馬車座位，打算帶著胡若望先暫時投靠葛拉曼。

一七二二年十一月三日　星期二

奧爾良

傅聖澤在夜裡動身前往巴黎，完全沒有告知胡若望。他相信自己如果讓胡若望知道自己要離開，一定不免又會有一番吵鬧與混亂。[33] 胡若望一早醒來，得知傅聖澤已經離開，顯得訝異又驚恐。葛拉曼神父藉由手勢比畫向他說明傅聖澤不久之後就會派人帶他過去。

胡若望喜歡葛拉曼，對他頗為信任，對於奧爾良這個地方也相當喜歡。他很樂於在這裡等待，在這幢寬敞的耶穌會會館，圍牆內還有廣大的花園，以及高聳的教堂。胡若望有許多時間都待在教堂裡，其中懸掛著兩大幅畫，一幅是烏埃（Simon

Vouet）的作品，畫面內容是坐著的聖母瑪利亞；另一幅作者不明，畫面上可見到榮耀的天主站在地球上。天主身旁伴隨著四名象徵性的人物，分別代表地球的四等分。[34]

第六章　巴黎

一七二二年十一月二十五日　星期三
巴黎

胡若望的擔憂似乎都獲得了解決。在傅聖澤的要求下，葛拉曼把胡若望送上從奧爾良駛往巴黎的馬車，而且他在這趟旅程上也沒有鬧出任何問題。胡若望熱愛巴黎，這才是最重要的事情。他熱愛巴黎的一切——那裡的喧鬧繁忙、氣派的私人住宅、教堂的堂皇富麗、塞納河沿岸的碼頭、羅浮宮、雄偉的橋樑，還有公共廣場。「這裡是天堂，」他有一天對傅聖澤說：「是人間天堂。」胡若望並不常說這種話。

今年十一月的巴黎，節慶氣氛特別濃厚，原因是官方舉辦了各種盛大的慶祝活動，不但慶祝年輕的路易十五首度接受聖餐禮，也慶祝他即將成年——如此一來，他的叔叔奧爾良公爵將結束攝政，由他真正執掌大權。巴黎耶穌會在稍早之前已為此舉辦了一場帶有中國色彩的芭蕾演出，呈現中國古代聖君禪讓傳賢而不世襲傳子的寓言。過去幾週來，也有炫目的煙火施放及燈飾展出——其中有些同樣採用中國風的主題——這一切點亮了法國的夜空。[1]

不過，胡若望之所以心緒平和，和住處可能也有關係，他寄宿在貝恩斯家中，是一個信奉天主教的英國人家庭。這是精心的安排，杜赫德神父收到傅聖澤從布洛瓦寄來的信件之後，就隨即辦妥了這件事。詹姆斯・貝恩斯（James Baynes）是廢位國王詹姆士二世手下的軍官，隨著遭到流放的國王來到法國。詹姆士二世去世之後，貝恩斯還是繼續待在巴黎。他已結婚，並且育有一名二十歲左右的女兒。他們完全支應胡若望的食宿，供應他麵包、紅酒、湯、肉，還有一間私人臥房。實際上，他們供應給胡若望的餐飲，品質比傅聖澤支付的金額還高出了二十蘇。[2] 傅聖澤原本只是要找人照顧胡若望一個星期，但貝恩斯家並沒有限定胡若望的寄宿期間，而且給了他一間「足以匹配體面紳士的套房」。貝恩斯已從杜赫德口中得知胡若望可能會有點古怪，但只要讓他好吃好睡，也許再服用一點藥物，應該就可以讓他恢復正常。杜赫德沒有提到胡若望可能出現暴力行為。實際上，杜赫德自己也不確定，因為傅聖澤對這點也語焉不詳。

杜赫德認為胡若望之所以會出現古怪的行為，主要是因為水土不服造成身體不適所引起的結果。[3] 如果他需要醫療方面的協助，有個即將前往中國傳教團的耶穌會醫生將在不久之後來到巴黎，他的醫術相當高明。杜赫德有點擔心接待胡若望的人士可能「不免被打」，但他只和傅聖澤提及這樣的擔憂。此外，杜赫德也怕傅聖澤祕密離開奧爾良可能會造成胡若望的恐慌，因為這裡將沒有人聽得懂他說的話。不過，這項擔憂似乎也沒什麼根據。貝恩斯一家人當然都不懂中文，但胡若望顯然也沒有對此感到困擾。他唯一的古怪行為就是把他房間裡的寢具和床墊都從大床上搬了下來，並且堅持睡在敞開的窗戶底下，但貝恩斯一家人對此並無異議。他有許多溫暖的床罩，也會把自己裹得厚厚實實的。

貝恩斯家的住宅就位於發願者之家後面，介於聖安托萬大道與塞納河之間，所以傳聖澤能夠不時過來看看他的助手。不過，他實在太忙，所以胡若望也就得以自行探索周圍的環境。

發願者之家是巴黎耶穌會組織的總部，單是那裡就有讓胡若望探索不完的新奇事物。那一連串的建築物與花園，有些是王室賜贈，有些則是經過精明算計的購置成果，正位於巴黎的中世紀古城牆前。主建物因為有格拉迪尼（Melchior Gherardini）的兩件巨幅畫作而顯得華麗耀目：其中一幅高達四層樓，可以透過螺旋梯中央的空間觀賞，畫中描繪著散發榮光的聖王路易；另一幅在北廂房圖書館的天花板，由許多小圖組成，內容描繪的都是耶穌會教士把福音傳播到世界各地的場景。圖書館內收藏的書本都極為罕見，也相當多樣化，總數超過兩萬冊。這座圖書館的收藏以耶穌會在一六八〇年代至一七二〇年間獲贈的三批豐厚圖書為主。好奇的民眾到此欣賞展示品，也會在一年中的每個聖徒紀念日前來憑弔殉道者的版畫及插圖。此外，這裡還收藏了一批罕見的獎章，由前任國王告解神父所捐贈，也有各方捐贈的罕見珍奇科學物品，包括一顆鴕鳥蛋、一具變色龍的骨骼、一隻天堂鳥標本以及一株復活草。[4]

這裡總共駐有三十名以上的教士，還有二十名修士。九名特殊員工負責照顧他們，分別為清潔工、裁縫師、麵包師、廚師、餐廳主管、採購員、聖器管理員、藥劑師與醫師，而且這九人也分別有他們的侍從和助手。這個機構的每月預算約為一千五百法郎，包括橄欖油、麵包、紅酒、燃料、肉類、煤炭與蠟燭的費用在內，還有其他各種可讓生活過得比較愉快的物品，例如菸斗、口嚼菸草與鼻菸（有些人對此深感不以為然），以及熱巧克力與咖啡，還有租用馬車。在這幢建築物裡，胡若望即可見識到具體而微的法國世界。

走出發願者之家，只要幾步路即可抵達聖保羅教堂（編注：今日稱之為聖保羅聖路易教堂），也就是巴黎耶穌會教士的宗教中心。這座教堂在十七世紀曾經鼎盛一時，每週都有大批群眾前來聆聽巴黎最著名的傳教士講道，以致教堂預算中的一大筆支出項目就是準備額外的座椅，以及清洗信眾的鞋子每天帶進教堂的泥土與髒污。現在，這座教堂雖然不復昔日的盛況，建築卻還是相當雄偉，圓頂高聳而狀觀，面臨聖安托萬大道的建築正面不但裝飾華麗，還有三道由樞機主教黎塞留贈與的巨大門扉。

教堂前方的噴泉建於一七〇七年，是變遷中的巴黎所出現的一項工程奇觀，除了由塞納河上聖母院橋附近的一具強力泵浦推動，而且採用了特殊結構，能夠大幅提高水壓，讓水流得以流經極需用水的鄰近地區。

只要往南走一小段路，即可經過聖母瑪利亞女修道院而抵達塞納河。一道小木橋矗立在淤泥上，可以通往盧維埃（Louviers）島；那裡販售著成堆的薪柴，還有船隻停泊在岸邊販售水果與乾草。在兵工廠寬敞的公共花園前，河流沿岸有一片邊緣種著一排排大樹的空地，可以見到許多人以租來的木槌在空地上打槌球。要是對這樣的景觀感到厭倦，那麼盧維埃島與聖母院島之間還有聖保羅港，大型船隻都在這裡卸載紅酒、石灰、木材、鵝卵石與煤。公共客船從這裡出發，航向勃艮第與奧塞荷（Auxerre）。駛向這兩個地點以及前往里昂的陸上馬車也由鄰近的桑斯公館（Hôtel de Sens）發車。五拱的瑪麗橋（Pont Marie）連接了北岸與聖母院島，兩側都蓋著多層樓的房屋。橋畔停泊著販賣淡水魚的水上船隻商店，不論日夜，幾乎隨時都可買到鮮魚。

往東方，胡若望可以沿著聖安托萬大道漫步，而且這裡是當中最寬敞的一段。

經過右側的聖保羅教堂與左側通往皇家廣場潔淨的大道之後，即可抵達聖安托萬門，兩側各有造型奇特的尖塔。在大門右方，可以看到巴士底監獄的八座圓形高塔聳立在高牆內；左方則是古城牆的長壕溝，可以見到十字弓弩手與火繩槍手在裡面練習射擊。

正前方，經過棄嬰醫院，穿越平緩的田野，田野間有幾棟大房子正在興建，之後即可見到一條塵土瀰漫的道路，通往夏宏通。[5]

就在胡若望四處探索的同時，傅聖澤仍然一如往常，有著忙不完的事情。他必須和教廷大使會面，討論羅馬之行的細節，並與住在羅馬的耶穌會總會長譚保里尼（Tamburini）神父確認他的計畫。此外，他也和杜赫德神父及夏德修神父進行了多次的長時間討論，其中杜赫德對中國深感興趣，夏德修則是據說將在不久之後前往中國，黎涅爾斯還說，如果必要的話，夏德修會很樂意帶著胡若望一起走。然而，夏德修其實已經改變了計畫，似乎已不打算前往中國，至少短期內不會。他和杜赫德仔細詢問了傅聖澤對中國禮儀的觀點，以及他認為中國古代典籍有哪些重要性。傅聖澤知道他們會把他的說法轉達給羅馬方面，而由於他的觀點在許多人眼中都顯得怪異又充滿爭議，因此他也就回答得非常完整也非常謹慎。[6]他指出，中國人缺乏一項關鍵知識，因此無法徹底理解自己的古代典籍，而此一關鍵知識就是對基督教奧義的理解。身在中國的其他基督徒傳教士當然懂得基督教奧義，但卻不知道那是關鍵所在，所以才會無法明白傅聖澤的觀點。

傅聖澤接著指出，至於中國人的祭祖禮儀，雖然許多耶穌會教士都傾向於將其視為倫理習俗而不是宗教崇拜，但教宗已將其宣告為迷信行為，傅聖澤也接受這樣的評斷。不過，傅聖澤也表明，就他的瞭解，這個問題其實有其細微的模稜兩可之處。他遇見過許多非常聰明的中國人，都不相信祖先的靈魂有可能存在於牌位裡。舉例而言，一個家族的成員也許散布於中國各地，卻能夠在不同地點同時祭拜他們的祖先。祭祖禮儀的效力來自於祖先的精神，而不是牌位本身。傅聖澤認為，羅馬終將接受，中國人的祭祖禮儀僅是一種民俗與有政治意味儀式。這樣的決定並不會與傅聖澤的基本信念牴觸，亦即中國人在遠古時代曾經崇拜過基督教的神。傅聖澤身在中國的期間，就明確注意到中國皇帝的公開典禮與平民百姓的各種儀俗極為不同。他認為自己的特殊貢獻，就在於發現了中國皇帝與教宗之間的一個中間點，能使雙方都感到滿意，從而重新開啟在中國傳播基督教的大門。

傅聖澤的心思全放在羅馬。他已接到命令要求他儘速趕去，而他也在腦子裡思考過了各種前往羅馬的方式。儘管馬賽的瘟疫已正式宣告結束，那裡的主教也下令所有教堂重新開放，但疫情仍餘波盪漾，因此不可能從馬賽搭船往南航行，也不可能翻越南阿爾卑斯山脈到義大利的皮埃蒙特（Piedmont）。傅聖澤查看了比較偏北的路線，亦即搭乘馬車行經史特拉斯堡，並且為他自己與胡若望暫時訂了兩個位子。不過，他的十一箱書還沒運到勒哈佛，而且他也還沒拿到有效的護照。只有國務卿杜布瓦能夠發放護照，但他似乎毫不著急。另外還有一個可能的方法。他的書籍一旦運到勒哈佛，他就可以把胡若望先送過去，自己稍後再與他們會合，這麼一來，他就可以和胡若望以及那些書籍一起搭船出海，經由英吉利海峽與直布羅陀海峽前往義大利，避開疫區，也許在利佛諾（Livorno）上岸。傅聖澤詢問胡若望對這項計畫有什麼意見。胡若望當然不清楚歐洲的地理細節，但對於他們即將前往羅馬卻似乎相當開心，認定自己總算能夠見到教宗了。[7]

傅聖澤沒有時間帶胡若望遊覽巴黎，但負責協調法國耶穌會遠東傳教團的奧瑞神父自願接下這件工作。[8] 奧瑞對胡若望頗感興趣，希望能夠讓他開心。他派遣自己手下的一名祕書帶胡若望到城裡四處遊覽，前往外國人可能會感興趣的各個景點。他們已約定十一月二十七日星期五出遊。

一七二二年十一月二十七日　星期五

巴黎

胡若望一定是迷路了。他沒有回到貝恩斯家，也沒有人知道他在哪裡。[9]

一如約定，奧瑞神父的祕書來到貝氏住宅與胡若望會面，然後帶他出外觀光。他們來到杜樂麗宮西側欣賞那裡的展示品，結果圍觀群眾突然一陣騷動，他們兩人一時分心就走散了。那名祕書到處尋找，卻完全找不到胡若望的蹤跡，只得隻身回來。

貝恩斯一家人深感擔心，隨即通知了傅聖澤。傅聖澤也很焦急，於是留言告知巴黎警察總監阿尚松。阿尚松的住處離發願者之家不遠，在舊寺院街（Vieille rue du Temple）上，所以要留言給他並不難。[10] 阿尚松接著又通知了夜間負責巡邏街道與教堂的守望巡邏隊，要求他們注意是否有中國人在外遊蕩。

守望巡邏隊（Guet）是巴黎的一項重要特色，隊員共有一百五十人，他們購買此一職位，然後慢慢回收這項投資，一方面是每年可領取相當於購買價格百分之五的薪餉，另一方面則可獲得市政府給予免稅優待與特殊退稅。約三分之一的隊員騎馬，其他人則是徒步巡邏。

可以想見，他們的生活一方面頗為乏味，每天從事瑣碎的例行公事，除了執行儀式性的職務，偶爾又會遭遇重大事件與危險。近年來，他們要承擔的風險變得特別高，原因是有一群惡名昭彰的搶匪與凶徒在巴黎肆虐，頭頭是個外表迷人的年輕浪子，叫做「卡杜什」（譯注：Cartouche，意為「彈藥包」）。這群惡徒打扮得精悍俐落，隨身攜帶他們的招牌配備：一根造型優雅的手杖，頂端有個金屬圓球，用力一擊就足以把人的頭骨打碎。他們橫行於巴黎已有數年之久。卡杜什本身雖然被人出賣而在一七二一年與他的弟弟一同遭到公開處死，幫派成員卻仍然活躍，不時遭到守望巡邏隊逮捕。這些匪徒經過快速審判後就會遭到處死、流放至大帆船上，或者烙上印記，而且每次一逮捕常常就是五十人以上。[11]

守望巡邏隊也有比較簡單的任務，例如在巴黎的街道上清理出一條跑道，好讓薩伊昂伯爵（Comte de Saillant）能夠落實他的瘋狂賭注，在六小時內騎馬來回尚提伊（Chantilly）兩次，由法國國王的王室天文學家卡西尼（Giovanni Domenico Cassini）親自計時。[12] 藉著沿途更換二十七匹座騎，薩伊昂漂亮地贏得了這項賭注，騎完之後時間還剩下二十多分鐘，一萬法郎就此落袋。途中還有一名守望巡邏隊員無意間闖入跑道，差點害他從馬上跌下來。除此之外，守望巡邏隊最近剛穿上全套禮服，迎接威尼斯的使節來到巴黎，也幫忙壯大年輕國王的隨從陣容。[13]

重點是，守望巡邏隊對巴黎瞭若指掌。如果說有人找得到胡若望，那一定就是他們了。這項任務應該不會太難。畢竟，就我們所知，胡若望是巴黎城裡唯一的中國人。

一七二二年十一月二十八日　星期六

巴黎

胡若望回到了貝恩斯家。守望巡邏隊在凌晨三點找到他，就在他們徹夜搜尋即將結束之際，他們發現他坐在「小屋」（Petites Maisons）醫院大門外的石階上。那裡位於塞納河南岸，巴黎的西區。他們總算把他帶回他的住處，也獲得豐厚的報償。[14]那是個酷寒的夜晚，胡若望全身都凍僵了，衣服也骯髒不已。

事後推測起來，胡若望與奧瑞的祕書走散之後，似乎在城裡到處亂走，結果跨越了塞納河，而在南岸迷宮般的街道中迷了路。既然他是在小屋被找到的，那麼就可能是經由皇家大橋過河，沿著巴克路走到塞夫爾路。沒有人知道胡若望在凌晨三點之前這段時間是怎麼過的，但他絕對看到了巴黎的另一個面向，而這是他先前不曾見過的。守望巡邏隊在這個時期的紀錄，詳盡記載了他們逮捕對象的悲慘模樣：包括乞丐、雛妓、跛子、自殺未遂者、醉鬼、到處砸窗戶的無賴、流浪漢，還有各種行業的失業人士。[15]法蘭絲瓦・漢妮林（Françoise Hanelin）或蘇珊・嘉蘭

（Suzanne Galland）在與瑞士衛隊的士兵調情之前，有沒有找上胡若望？皮埃・巴傑（Pierre Bajet）有沒有向胡若望兜售他那鑲著偽寶石的偽金戒指？瑪格麗特・奧格洛（Marguerite Orgerot）有沒有在他面前搖動鐵杯，儘管胡若望聽不懂她說的語言，還是向他謊稱杯裡的錢是為了救濟監獄裡的貧窮囚犯？這些貧寒無助的可憐人絕大部分都來自巴黎，但也有些來自法國的偏遠地區，甚至來自國外，包括法蘭德斯、皮埃蒙特與瑞士。不過，沒有一個人的家鄉比胡若望──傳道師、看門人、也曾經擔任中國典籍的抄寫員──更遠。

看到胡若望回來，傅聖澤雖然鬆了一口氣，卻不認為他的狀況適合在星期一與教廷大使見面。這場會面事關重大，因為馬錫蒙席希望親眼看看胡若望，以便確認他的確已準備好前往羅馬事奉。[16] 於是，傅聖澤寫了一封信給教廷大使的豫審官羅塔（Abbé Rota），概述了胡若望的遭遇，強調胡若望渾身骯髒、粗心大意，也沒有體面的衣服可穿，希望對方允許胡若望不必出席。不過，教廷大使回絕了這項請求，要求胡若望一定要依照原先的約定出席。羅塔在回信中寫得較為委婉：「我已將您的信轉交給儂斯先生看過，他希望能在星期一見到那名中國人，不論狀況如何都沒關係。而且他也指示我向您轉告，那名中國人如果不懂得愛惜物品，就沒有必要為他換上較為體面的衣物。」

一七二二年十一月三十日　星期一
巴黎

胡若望與教廷大使馬錫的會面並不順利。帶著胡若望前往大使住處的不是傅聖澤，而是奧瑞神父的祕書，三天前他才在杜樂麗宮弄丟了胡若望。這名祕書將胡若望交給羅塔，接著帶到接待室。傅聖澤就在那裡與他們會面。

接待室裡滿是教廷大使的隨行人員，包括神職人員、仕紳與聽差。胡若望看到牆上的十字架，隨即趴伏在地上不斷磕頭，完全無視於旁人的訝異，而傅聖澤則是忙著向他們說明這是中國人表達虔誠的方式。傳教士希望中國信徒只在中國境內而且在耶穌受難日當天才行使磕頭禮，但信徒有時候也會因為一時激動而在其他時刻做出這樣的舉動。[17]

面對大使本人，情形也沒有改善。胡若望由傅聖澤帶領到大使面前，但還來不及打招呼，就先打量了房間裡為他們三人準備的扶手椅，並且認為椅子的安排並沒有對教宗本人所指派的代表呈現出應有的尊重，但他倒是正確猜出了誰是教廷大使，於是高喊一聲：「大主教！」然後在其他人來不及出手阻止的情況下，就立即把大使的椅子拉到他所認知的房間主位。接著他又把另一張椅子拉到第一張椅子的旁邊，敦促傅聖澤坐下。「至於我呢，」胡若望擺好了椅子之後說道：「我就待在這裡。」然後謙卑地站在房間的另一端，看著傅聖澤與大使坐下來開始談話。

傅聖澤再次解釋了胡若望這項舉動所帶有的儀式性意義。教廷大使來到巴黎才一個多月，而且不到兩週前才剛與年輕的法國國王首次會面，他非常重視自己的尊嚴，對胡若望的舉止一點都不覺得有趣或動人。[18]他們的談話很快就結束了。胡若望獲准退下，被送回了貝恩斯的住宅。

一七二二年十二月初
巴黎

胡若望有一夜夢到自己的母親去世了。他非常傷心，貝恩斯一家人和傅聖澤一再向他說那只是一場夢，他其實無法確知夢境的真實性，但胡若望根本聽不進去。房屋裡每天都迴盪著他的哀哭聲。[19]

壓力的徵象到處可見。胡若望的房間髒亂不已，家具散置各處，但貝恩斯家的女兒進來幫他整理，卻反倒遭到他憤怒相對。他甚至一度威脅要打人，就這麼逼迫貝恩斯小姐離開。他對待貝恩斯太太的態度也沒有好到哪裡去，於是貝恩斯一家人只好派人向傅聖澤請求忠告。傅聖澤也不知道該怎麼辦。他認為一般的簡單療法已無法治癒胡若望，不論是放血、喝藥膳或改變飲食都沒有用。貝恩斯先生有一天因為公事必須外出，卻擔心胡若望在這段期間出現不可預期的行為，於是把他鎖在房間裡面。胡若望把門撞開，傅聖澤只好出錢把門修好。另一次，貝恩斯則是用馬鞭抽打胡若望。[20]

胡若望也不再願意協助傅聖澤主持彌撒。這原本是他們唯一能夠和樂相處，共同表達內心虔誠信仰的時刻，當初雖在南特中斷，後來再度恢復合作，現在卻又無以為繼了。耶穌會的大教堂不但典禮儀式最為莊嚴、裝潢最為宏偉、銀器與聖壇綴飾也最為華麗，而且路易十三、路易十四與大孔代親王（Prince de Condé）的心臟都防腐保存於神龕裡，證明耶穌會過去的權勢有多麼大，又有多麼受到王室的眷顧。[21] 然而，現在胡若望對其富麗堂皇卻避之唯恐不及。傅聖澤把他召喚到聖器收藏室，要求他解釋自己的行為。胡若望雖然聽命前來，卻不肯回答傅聖澤的問題，反倒說自己在拼花木地板上看到許許多多的十字架圖案，而左閃右跳地躍至門口，以免褻瀆那些神聖的木地磚。[22]

現在，胡若望說貝恩斯家的餐點太過豐盛，他不需要吃那麼多。他又提出了當初在路易港說過的提議，他想去當乞丐。[23] 他想一路行乞而走遍法國。他偶爾會離開貝恩斯家，向路人乞討金錢。如果有善心人士給他幾個硬幣——有些人確實會這麼做，因為胡若望看起來相當引人注目——他就會買麵包塞在口袋裡，一面走路一面嚼著吃，漫步在街道或廣場上。

一七二二年十二月　下旬

巴黎

早日出發循海路前往羅馬的希望又再次破滅了。傅聖澤聽聞東印度公司拒絕把他的十一箱書留在勒哈佛等待他與胡若望前來，而是在國務卿杜布瓦的命令下全部經由塞納河運往盧昂（Rouen），再轉送到巴黎交由警察總監阿尚松保管。[24] 傅聖澤的研究工作被迫陷入停擺。

傅聖澤與胡若望倒是有了一刻心靈上的親近。自胡若望從孔蒂親王號下船以來，他首次表示自己想要告解。傅聖澤隨即答應了。舉行這場告解的程序頗為繁雜，原因是巴黎大主教諾瓦耶樞機主教（Louis Antoine de Noailles）在幾年前受到大學及教會裡的耶穌會反對者強烈要求，而下令禁止發願者之家的教士在巴黎地區內聆聽信徒告解。這是一項全面性的禁令，就連年輕的法王路易十五想對自己的耶穌會告解神父黎涅爾斯告解，也必須到夏特（Chartres）教區。因此，傅聖澤只好向巴黎大主教請求特許。諾瓦耶樞機主教看在告解人是個中國人的分上，特別准許了他的請求。[25]

傅聖澤嚴守告解的保密守則，所以胡若望在告解中所說的話並未留下紀錄。不過，我們倒是知道胡若望自己找出了消磨時間的方法。他在自己位於貝恩斯家的房間裡暗中製作了一面鼓。這面鼓不大，直徑約十五公分。他也製作了一面寬三十公分的小旗，在上面寫了四個中文字：「男女分別」。完成之後，他自豪地將作品拿給傅聖澤看。傅聖澤嗤之以鼻，認為那只是小孩玩意兒，但不認為自己應該沒收這些物品。他不曉得胡若望做這些東西有什麼用途。

接下來的一個聖徒紀念日上，胡若望帶著那面旗子和小鼓外出，一手揮旗，一手打鼓，從發願者之家走到隔壁教區的聖保羅教堂。一群巴黎人受到鼓聲吸引，又看到胡若望擊鼓前進的奇特景象，於是跟在他身後。在聖保羅教堂雄偉的大門前，在高聳又風格鮮明的三座高塔下，胡若望開始宣講了起來。他以中文說教，一面揮舞著旗幟強調他的論點。聚集的群眾人數相當多，也聽得很專注，並且不斷鼓舞他繼續說下去。[26]

帶著旗子和小鼓到聖保羅教堂已經成了胡若望的習慣。他似乎樂於受到眾人的矚目，對於能夠把自己的理念傳播給那麼多人深感開心。但幾天之後，傅聖澤卻開始感到驚慌了：當時還很盛行楊森主義式（編注：由荷蘭人楊森〔Cornelius Jansen〕創立的天主教派別，但過於激進而被教會禁止）的宗教狂熱，因此有人做出這種討好、疑似煽動群眾的行為，正是國家最不樂見的現象，可能會遭到有關單位迅速逮捕與懲罰。這比在公共場所行乞還要危險。傅聖澤正在凡爾賽洽談他的護照與書籍，實在無法忍受再有更多的爭議，尤其是黎涅爾斯的講道吸引了上流社會的群眾前來耶穌會教堂，因此胡若望惹出的任何事端都將立即傳遍整個巴黎。[27]於是，傅聖澤囑咐貝恩斯趁著胡若望分心從事其他事務的時候，偷偷取走他的鼓和旗子，加以毀壞丟棄。[28]

胡若望沒有再製作另一套旗和鼓。他似乎深感沮喪，完全提不起精神。

一七二三年二月二十一日　星期日
巴黎

胡若望又再次失蹤了，至今已長達一個星期。這次的情形和去年十一月完全不一樣，當時他只是在城裡遊蕩了一天一夜，而使得他寄宿處所的主人虛驚了一場；但這次卻是消失無蹤，在龐大的巴黎城裡完全沒有留下一點蹤跡。天氣很不好，不但冷，而且連日都下著大雨。[29]就大家所知道的，胡若望身上並沒有錢。他除了帶走一小包自己的私人物品之外，也沒有從房間裡拿走其他任何東西。

傅聖澤猶豫不決，不想再次麻煩警察總監阿尚松。他們近來頻繁信件往來討論他的書籍，但溝通情形並不順利。那十一箱書在一月底送達巴黎，交到了阿尚松手上，但國務卿杜布瓦卻禁止傅聖澤帶去羅馬。國王的圖書館長比尼昂顯然把傅聖澤先前的提議完全當真，而有意將這批書據為己有，納入國王圖書館的收藏。一如許多善於操弄別人的人，傅聖澤根本沒想到自己其實被比尼昂玩弄於股掌之間，在他的引導下自行提議將藏書獻給國王。對於傅聖澤的索隱派（Figurism，編注：認為

《易經》是天主教預言書），比昂尼和善地幫他抵擋批評，同時卻將他的書信一一收存起來，之後能當作把柄。

比尼昂早就對胡若望喪失了興趣。在他與友人傅爾蒙（Étienne Fourmont）教授的私人通信裡，他說只有在胡若望「不再一無是處」的情況下，才有可能雇用此人。至於傅聖澤的觀點，他則是在信中向傅爾蒙指出：「世界上從來沒有這麼缺乏根據的論點。」因此，「我認為如果放任他隨心所欲，對我們反倒有好處」。傅爾蒙對此表示猶豫，比尼昂於是督促他放手去做：「我不瞭解你有什麼好顧忌的。我不願認為有人會想要阻礙我們的計畫。」比尼昂所玩的遊戲相當複雜，後果對傅聖澤來說更是嚴重，因為這攸關了他過去二十五年來的心血。[30]

傅聖澤總算鼓起勇氣向阿尚松告知胡若望再次失蹤的消息，阿尚松也再度通知了守望巡邏隊。他們這幾個星期忙碌不已，必須護送國王前往杜樂麗宮與羅浮宮參加自己的成年大典，並且監控前來觀禮的龐大群眾——群眾的熱情完全沒有受到天氣的影響——也必須確保煙火的施放不至於重演月初的火災意外。不過，儘管有這麼多的工作，阿尚松卻還是非常重視胡若望的失蹤事件，指派督察路易・杜瓦

（Louis Duval）負責找尋胡若望的下落。如果有人找得到胡若望，必然就是杜瓦。他曾經擔任騎警巡邏隊的指揮官，率領四十三名騎警維護巴黎的治安。現在，他是「港口巡衛隊」的隊長，領導步兵巡邏河港與巴黎城裡的儲備物資與倉庫。所有的督察都接受警察總監的指揮，而且在城裡各自都有自己的線民，對於旅社、宿舍、妓院、二手貨攤販與贓物賣家都瞭若指掌。這裡是他們的地盤。[31]

搜尋行動展開之後，守望巡邏隊與杜瓦在巴黎城內各處找到了許多流浪漢與遊手好閒的混混。其中一人假裝喪失雙臂以博取同情，在小聖安托萬教堂遭到逮捕；有名守望巡邏隊的前隊員，現在反倒在一家商店搗亂；有名裝著一支義腿的男子失去了裁縫師的工作，只能乞討度日；一名來自第戎的三十九歲教師在夜裡的大街上遊蕩，顯然不曉得自己身在何處；還有個十一歲的男孩，因為拿刀割傷一匹馬的大腿而遭到逮捕。守望巡邏隊甚至還找到了一個公認的瘋子，名叫吉勒斯・雷諾瓦（Gilles Lenoir），他是個二十五歲的不列塔尼人，曾被關在醫院裡，後來獲得釋放。[32] 不過，他們就是找不到胡若望的蹤影。

第七章　奧爾良

一七二三年二月二十日　星期六
奧爾良耶穌會宿舍

葛拉曼神父寫了一封信給杜赫德神父：

親愛的神父，願主的和平與您同在。我不知道傅聖澤神父是否已經前往羅馬，而且杜泰爾神父又對我說，奧瑞神父目前應該不在巴黎，因此必須請閣下原諒，我得向您提出我們遭遇的困境，而且此一困境對於所有關注中國傳教團的人士都密切攸關。

昨天晚間七點，我們訝異地在門口發現傅聖澤神父帶來巴黎的那名中國人。他的悲慘狀況使我們深感同情，於是我們收留了他。可是我們完全不曉得該拿他怎麼辦，又完全不理解他說的話或比畫的手勢，以致無法明白他為何離開巴黎，又想到何處去。不過，明顯可見的是，他來到這裡並未攜帶任何說明信件，而且由他的雙手來看，他必然是在不幸的狀況下逃出來的。此外，由於他一再提到「中國」與「北京」，還有「羅馬」與「教宗」，因此我們猜測他可能想前往羅馬，再繼而返回中國。

親愛的傅聖澤神父如果身在巴黎，煩請您轉告他儘快讓我們知道他希望我們怎麼做。請他寫信給我，和先前一樣用我們的字母拼出中文，再附上法文翻譯，讓我知道該對這個不幸的可憐人說些什麼。

傅聖澤神父如果已經離開，也請您立即對我——或是連同奧瑞神父——下達指令。我會儘可能照顧這位不幸的中國人，直到收到您的指示為止。不過，我擔心他也會逃離我們，除非他在來到這裡的途中所遭遇的種種苦頭，足以阻止他踏上另一場這樣的旅程。

敬愛的神父，希望您能立即回覆。

葛拉曼敬上[1]

一七二三年二月二十四日　星期三

奧爾良

胡若望想要立刻返回巴黎。他已經把自己的物品打包完畢，宿舍管理人維恩神父一發現，就把他帶回了他的房間，要求他解開包裹，並且比手畫腳要他耐心等待。[2]不過，要看住胡若望是相當棘手的一件工作，因為宿舍裡沒有能夠把胡若望關起來的地方。他如果真的想要逃跑，宿舍方面恐怕無能為力。

傅聖澤依照葛拉曼的請求寄來了一封中法文對照的信件，結果卻使得胡若望更加焦慮。葛拉曼照著信中的拼音大聲唸誦，內容指出，傅聖澤將在不久之後動身前往羅馬。胡若望對於傅聖澤打算拋下他而獨自出發顯然驚恐不已。[3]

傅聖澤已向警察總監阿尚松告知，胡若望人在奧爾良，因此在巴黎城內的搜尋行動也已經取消。[4] 不過，傅聖澤並未明確指示該怎麼辦。他正在為胡若望另謀住處。[5] 儘管貝恩斯一家人不離不棄，仍然表示願意把胡若望接回家中，但傅聖澤認為他們吃的苦頭已經夠多了。

一七二三年二月二十五日　星期四

奧爾良

奧爾良耶穌會宿舍的人員已不再藉由手勢比畫與胡若望溝通。在一項出人意料的巧合下——很可能是天意——他們竟然找到了一名通譯。他是一名事業相當成功的雜貨商，原本來自布洛瓦，目前住在奧爾良。當初多羅樞機主教（Charles-Thomas Maillard de Tournon）在一七〇五年出使中國，這名雜貨商即是使節團的廚師長。[6] 他在中國與澳門居住了將近三年，說得一口流利的中文。胡若望聽到這名法國人開口說中文，不禁吃了一驚。「你一定是從我故鄉來的。」胡若望說。

這下胡若望又能以中文與人溝通，於是一股腦傾訴了心中的不滿。他說他為傅聖澤工作已有四年之久，卻一毛錢都沒有拿到。他理當取得每年十兩白銀的酬勞。他說他之所以來到歐洲，為的是能夠儘快前往巴黎與羅馬，然後再返回中國。胡若望與傅聖澤共事雖然只有十四個月，但聲稱他為傅聖澤工作了四年，這話卻也有其本身的邏輯，他如果確實已為傅聖澤工作了四年，而且心中又牢記著他們的合約總共只有五年，那麼他的歐洲之行就只剩下一年的時間，自然能夠在心中開始擬定從羅馬返回中國的計畫。他可能也因為某種內心的警戒，所以聲稱酬勞是每年十兩，雖然合約明明規定酬勞為每年二十兩。與敵人交涉，畢竟不能逼得太緊。

傅聖澤仍然沒有表明自己對胡若望有什麼打算。他不曉得葛拉曼神父在奧爾良找到了一名通譯，他怎麼可能想得到呢？於是又寄了一封中文拼音與法文對照的信件，而葛拉曼也照樣唸給了胡若望聽。這封信對胡若望的行為多所抱怨，並且宣稱要是再不檢點，傅聖澤就將與他斷絕關係。胡若望聽了之後隨即撲向葛拉曼神父，從驚愕不已的神父手上奪過那封信，在盛怒之下扯成碎片，別人根本來不及阻止。

由於這項無禮的行為，胡若望隨即遭到葛拉曼的僕人一陣痛打。這封信就這麼被毀掉了。7

一七二三年三月八日　星期一

奧爾良

葛拉曼寫了一封信給傅聖澤：

截至目前為止，我已竭盡全力促使這名中國人在此耐心等待，但我雖然滿心希望滿足您的要求，卻恐怕無法再讓他繼續待在這裡了。過去這七、八天來，他陷入了深深憂鬱的狀態中，使我不禁擔心事情會發展出什麼樣的後果。昨天早上，他打包了自己的物品，而且已經走出宿舍準備離開，我們的一名神父才及時發現，而趕緊把他追了回來。

我立即派人把我們的通譯找來，但他正好去了鄉下，要到晚上才會回來。不過，他今天早上八點就前來找我，於是我要求他和你的那名中國人談談。就我所能理解的範圍內，胡若望顯然不計代價，只想回巴黎和你聚首。我費了好一番功夫，才說服他在這裡繼續待上五、六天，說服他的理由是我會寫信請求你把他帶回去，而這封信就是我對他的許諾。我也對他說，如果經過五、六天之後我還是沒有收到你的指示，那麼就會放他走。毫無疑問，屆時我必然只能放他走……

身為你的朋友，請你信任我，給我指示吧。我會盡力向你證明信任我不是錯誤的選擇。

葛拉曼筆[8]

一七二三年三月十二日　星期五
奧爾良

胡若望又開始不斷前往奧爾良耶穌會宿舍附設的華麗教堂。那座教堂裡除了各種奉獻的物品之外，還懸掛了那幅天主站在四等分的地球上的畫作。有時候，胡若望會在教堂裡溫順地敬拜，脫下帽子，雙手垂在身旁。有時候，他卻堅持在教堂裡也要戴著帽子，聲稱中國人都是這麼向皇帝表示崇敬。[9]

一天晚上，在宿舍的花園裡，一名大學教師看到胡若望站在滿月之下，高舉著雙臂。[10]

傅聖澤向葛拉曼神父寄了一連串的信件，要求他交由通譯轉告胡若望信件內容。他要求胡若望承認，自己無緣無故離開巴黎乃是錯誤的行為，在最新的一封信中，傅聖澤更要求胡若望寫一份正式悔過書寄回，以請求原諒。

葛拉曼透過通譯向胡若望轉告了這項要求。胡若望說他絕不寫，並且堅稱自己沒有犯錯。他高聲大吼，指稱自己寧可被砍掉雙手，也不願向傅聖澤寫這麼一份悔過書。11

一七二三年三月十六日　星期二

奧爾良

胡若望離開了奧爾良。他搭上凌晨兩點出發前往巴黎的馬車。他的車票價格為六法郎，葛拉曼還額外給了馬車夫兩法郎和幾個銅板，要求他在途中照應胡若望的飲食，將他安全送到巴黎的發願者之家。傅聖澤已在那裡為他備妥了住處。

胡若望雖然一再堅稱自己想要返回巴黎，並且在終於收到傅聖澤的指示之後深感欣喜，但一聽聞自己必須在清晨兩點動身，卻又開始鬧起了脾氣。他說他不肯在夜裡出發，也不願搭馬車，而是要步行，並且要求途中進食所需的盤纏。

個性溫和的葛拉曼神父也生氣了。他對胡若望說他已訂了座位、買了車票，就是這樣。如果胡若望不搭上車，他們一樣會在凌晨把他叫起來，並且趕出耶穌會宿舍。胡若望的態度因此軟化了下來。用過一頓告別餐點之後，他就由那名通譯與葛拉曼的僕從帶到驛馬車站附近的客棧，在出發之前先睡一會兒。

在離開宿舍之前，胡若望倒是透過通譯殷切感謝了葛拉曼的招待。葛拉曼寄了一份帳單給傅聖澤，向他請款十六法郎五蘇，以支應胡若望兩次從奧爾良前往巴黎的旅費，一次就是當前這趟旅程，另一次則是在去年十一月。葛拉曼說，奧爾良的神父將分攤胡若望在當地的其他食宿費用。[12] 當然，沒有人需要負擔胡若望從巴黎到奧爾良的旅費。他自己搞定了那趟旅程。

第八章　前往夏宏通的路上

一七二三年三月二十八日　星期日
巴黎

胡若望住在聖路易教堂，也就是發願者之家的附設教堂。他的房間位於角落，旁邊即是環繞中殿的迴廊。[1]中殿相當高聳，迴廊也共有兩層。白天，光線會從寬敞的圓頂上透過窗戶灑入教堂裡，照得室內的大理石雕像與木雕閃閃發亮。教堂裡也有四幅龐大的畫作，內容描繪該教堂的守護聖徒在位期間發生的故事。[2]到了晚上，那些精心描繪的人物與天使即沒入涼爽的黑暗當中。胡若望的房間裡有一張床、一把藤椅和一張桌子。有一扇窗戶可以望見室外的景色，胡若望總是把這扇窗戶開著。此處的空間與舒適程度都遠遠比不上貝恩斯家的房間，但胡若望表示自己相當滿意。

允許胡若望在此住宿的是發願者之家的耶穌會上司，八十一歲的蓋拉德（Gaillard）神父。不過，借宿期間只有幾個星期，接下來胡若望與傅聖澤就要出發前往羅馬了。[3]

傅聖澤又再次開始寫信給國王的圖書館長比尼昂，但他現在已沒有先前那麼焦慮，也不再那麼熱情。阿尚松已將他的部分書籍交給教廷大使，而教廷大使正在安排將這些書籍運往羅馬。其他的書也必將在不久之後隨之送去。傅聖澤滿懷自信，不僅拒絕承認比尼昂對這些書所主張的權利，即使比尼昂協助通關事宜。而且，針對當初自己和布雷特施為圖書館採購的七箱書本，他也厚著臉皮向比尼昂求借幾本，尤其是介紹明朝禮儀的二十冊套書。他希望能在羅馬研讀這套書籍。[4]

胡若望又開始到街頭上到處遊走。他任意遊蕩，每天一早就帶著當天的伙食費出門。他只要餓了，就買下自己看了想吃的東西，並且直接就地吃起來。他會在街頭上擺出各種姿態，或者耍寶搞笑，或者高聲吟誦。他在巴黎瑪黑區成了著名人物，也許還不僅限於那裡。巴黎每當春天市集重新開張，各種規範就隨之放鬆，成為嘉年華會般的狂歡世界——而胡若望就彷彿進入了這樣的世界。這是一個狂野而自由的世界，各種怪胎、異國人士與亂七八糟的人物都會獲得群眾的接納與圍觀，並以高喊與歡笑加以鼓舞。[5]

胡若望似乎樂在其中。他離開路易港之後就沒有再抄寫過任何文件，也不再提起撰寫遊記的計畫。傅聖澤對他提出最後通牒，要求他定下心來抄寫中國典籍，胡若望卻徹底拒絕了這項要求。[6] 傅聖澤說，只要他不工作，就永遠不會付錢給他。胡若望只聳了聳肩。傅聖澤對他揮舞著他們當初在廣州簽訂的合約，胡若望卻作勢要把合約奪過來。[7]

一七二三年四月八日　星期四
巴黎

一切事物總算就緒了。國務卿杜布瓦發放了傅聖澤前往羅馬所需的護照。[8]教廷大使給他很多鼓勵，警察總監阿尚松對於剩下的書籍該如何處理也表達了和善的態度，比尼昂也不再強硬。傅聖澤的書已有一批交給了教廷大使，並且已經送到馬賽，準備經海路運往羅馬。[9]耶穌會上司對他的羅馬之行似乎也不再反對。唯一的問題是，蓋拉德神父因為聽聞太多胡若望在街上胡鬧的傳聞，而要求他必須搬出教堂的小房間，不得繼續住在發願者之家。不過，在傅聖澤的請求下，蓋拉德神父的態度終於軟化了下來。畢竟，他們再過兩、三天就要離開了。

傅聖澤訂了車位，也預付了費用：四月十二日駛往里昂的驛馬車，兩個位子。他匆匆趕去找胡若望，向他告知這項消息。

一七二三年四月十日　星期六

巴黎

胡若望不肯走。

他在星期四就對傅聖澤這麼說，到了今天還是沒變。一開始，傅聖澤試著和他開玩笑。「教宗召喚我，」他對胡若望說：「而且他也想見你呢！」接著，他又嘗試訴諸胡若望本身的利益：「到了羅馬，你絕對不會有任何欠缺。那裡的人會竭盡全力討你歡心。」再來則是語帶威脅：「你如果不和我走，那麼我離開巴黎之後，誰會照顧你？」胡若望只皺著眉頭，一語不發。[10]

傅聖澤派了一名信使向教廷大使轉告這項最新發展。教廷大使於是派了手下的監督官卡第納里（Marc Cardinali）與胡若望會面。傅聖澤為他們兩人擔任翻譯。卡第納里發現胡若望的意志非常堅定，拒絕前往羅馬，完全不可動搖。

胡若望除了一早出外買些麵包之外，整天都待在他的小房間裡。有人對他說過——或者他認為對方是這麼說的——傅聖澤會殺人。胡若望似乎認為這項訊息來自耶穌會的上司蓋拉德神父，但天知道他這個念頭是從哪兒來的。[11]他似乎也認為自己和傅聖澤的這種罪行有關。胡若望深感恐懼。他躺在床上，開著窗戶，但沒有假裝生病。他理當會把門鎖上，但這個房間沒有鑰匙。只要傅聖澤或其他人進來告誡他，他就會拉起棉被把頭蓋起來。

一七二三年四月十一日　星期日
巴黎

晚餐過後，許多人擠在胡若望的房間裡和門口周圍。在場的除了傅聖澤之外，還有貝恩斯，因為他具備與胡若望打交道的經驗。教廷大使的監督官卡第納里也在，還有發願者之家的兩名耶穌會教士，他們奉蓋拉德神父的命令要把胡若望趕出去。除此之外，還有不少人是因為好奇而前來旁觀。[12]一開始，傅聖澤試著和胡若望講道理，但不久就動了氣，逐漸提高音量。胡若望也大聲回罵，毫不退讓。

天色愈來愈暗了。傅聖澤訂位的馬車將在明天清晨四點出發。他們決定把胡若望帶到桑斯公館附近的一家客棧，位於瑪麗橋對面的一塊河畔空地上，屆時馬車也將從這裡發車。他們可以等到第二天一早，再看看胡若望的表現。

胡若望拒絕離開房間。發願者之家三名孔武有力的傭人奉命而來，把死命掙扎的胡若望扛下狹窄的樓梯，而且由於他一路上仍然不斷又踢又叫，他們只好挑選暗巷行走，把他扛往客棧。這段路距離不遠，從發願者之家出來只需走一百步左右。他們在聖凱薩琳客棧租了一個房間，把胡若望關在裡面。傅聖澤安排了人為他送上晚餐。13

傅聖澤回到自己在發願者之家的房間。明天，他就會永遠離開這裡了。他提起筆，寫了一封信給警察總監阿尚松：

敬愛的閣下：

天意將我置於相當為難的立場，因此我必須和先前一樣，再次斗膽請求您的權勢與協助。我對您先前給予我的幫助深懷感謝。

明天我就要動身前往羅馬，搭乘駛向里昂的馬車。由於諸多原因，我已不再能夠延遲這趟旅程。我原本打算帶著早先曾寫信向您提過的那名中國人同行，但他卻陷入了不可置信的心神失調狀態。儘管他一再聲稱自己渴望親眼見識著名的羅馬城，而且當初也說他隨我而來就是為了要到羅馬去，但現在卻不再願意和我同行。他說他要循陸路返回中國，而且要靠著自己的雙腿步行。他上次就是這麼前往奧爾良，不但在極糟的天氣狀況下自行出發，而且身上一毛錢都沒帶。我後來才安排他搭乘公共馬車返回巴黎。

回到巴黎之後，他的愚行更是愈來愈嚴重。他初次抵達巴黎的時候，曾對我說他見到一位天使向他現身，並且敦促他做一番大事業——但他沒有進一步說明是什麼樣的事業。後來他也數度說過同樣的話。我不再詳細敘述他的其他荒謬行徑，但總之他在某些時候——而且這樣的狀況愈來愈頻繁——就會變得毫無理智。他的愚行還伴隨著惡意與固執，不論祈禱、威嚇或寬仁的對待都無法加以扭轉。

我無法強迫他與我同行，而必須將他留在此地，因此我認為必須將他的真實本性告知閣下。這個可憐人如果不受到約束而送到收容他這類人的場所，無疑將會落入極為悲慘的境地。他將在巴黎四處乞討，甚至在全國到處遊蕩，製造我們不樂見的騷動。

我因為一直盼望他能改邪歸正，所以拖延至今才告知您這些訊息。盼您能重視我說的話，下令逮捕這個卑劣之人。他一旦被捕，不再能夠恣意行事，也許能夠恢復理智也不一定。我欠您這份情，也要再次向您告別。

謹致敬愛的閣下

傅聖澤敬上

巴黎，一七二三年四月十一日[14]

傅聖澤繼續打包行李。他還有一大堆衣物必須整理，更別提他抵達巴黎之後所買的書籍。[15] 一旦把這些書籍和那十一箱書結合起來，對他而言將會是一批絕佳的研究資料。

一七二三年四月十二日　星期一

巴黎

儘管時間還沒到清晨四點，卻已聚集了一小群人準備為傅聖澤神父送行。貝恩斯又再次前來，還有一個名叫史密斯的英國人，他也是天主教徒，二十六年前在拉夫勒什學院曾是傅聖澤的數學學生。[16] 史密斯帶著兒子同來。先前承諾會來的卡第納里還沒出現。

傅聖澤到胡若望的房間，再次試圖和他講理，說服他搭上馬車前往羅馬。胡若望仍然氣憤不已，根本不肯聽他說話。傅聖澤顯然說不動他。

馬車已在等待，傅聖澤的行李也已經搬上了車。胡若望要是願意一起走，傅聖澤就可以丟棄他寫給警察總監阿尚松的信。現在，他已決定把信寄出去。由於最適合傳遞這封信的卡第納里還沒到場，他於是把信交給了貝恩斯。[17] 傅聖澤身上有一千法郎，這是教廷大使給他的錢，用於支應旅途上的一切花費。他在一時衝動之下，掏出了一百法郎交給貝恩斯，要他利用這筆錢照顧胡若望。於是，就在那即將出發的馬車旁，英國人貝恩斯以不盡精準的法文匆匆寫下了一張收據。[18]

傅聖澤爬上車，拴上車門，車夫對馬兒發出呼聲，接著甩動馬鞭，龐大的公共馬車應聲而動，緩緩前進，朝著里昂而去，屆時傅聖澤會再從那裡轉車前往史特拉斯堡或羅馬。

在馬車上——也許在票價最便宜的車尾座位區，遠離於車門與車窗——有個沒人坐的空位。[19]

一七二三年四月十五日　星期四

巴黎

貝恩斯與卡第納里前來接胡若望。貝恩斯雇了一輛馬車，卡第納里則是騎著馬。貝恩斯帶了一個朋友同來，以防胡若望又變得難以控制。

自從星期日深夜以來，胡若望被關在聖凱薩琳客棧的房間裡已有四天，而且有些時間還被繩子綁著。貝恩斯與卡第納里費了好一番唇舌，又兩度親自拜訪，還花了比預期更多的錢，才終於說服客棧老闆讓胡若望在那裡待了這麼長的時間。不過，胡若望並沒有試圖逃跑。

他們花了四天的時間才備妥將胡若望送進瘋人院所需的文件——這是傅聖澤與教廷大使一致的決定，他們認為胡若望如果一直堅持拒絕前往羅馬，那麼將他送進瘋人院就是唯一的選擇。只要胡若望有所康復，就可以利用東印度公司的船隻送他返回中國。[20]

卡第納里在週一上午五點與貝恩斯碰了面，就在傅聖澤離開之後不久。他來得極為匆忙，對於自己沒有趕上為傅聖澤送行也深感慚愧。他的僕從不慎睡著，以致沒有叫他起床。到了八點，貝恩斯與卡第納里已來到警察總監阿尚松的辦公室，親手遞交傅聖澤的信件，尋求官方的協助。但他們來的時間不巧，阿尚松正在凡爾賽與年輕的國王及國務卿杜布瓦舉行定期會議。阿尚松的手下請他們星期三再跑一趟。

所有人都不想等那麼久。教廷大使馬錫在星期二就派遣他的豫審官羅塔前往凡爾賽。羅塔與國務卿杜布瓦交涉之後，取得了一份「祕密逮捕令」（*lettre de cachet*），其中指示將胡若望送進夏宏通的精神病院。祕密逮捕令乃是由國務卿以國王之名簽發，再交由警察總監執行，因此被捕的人士在未經正式審判的情況下就可能被監禁長達數年之久。杜布瓦也許在凡爾賽就直接把逮捕令交給了阿尚松，也可能是遞送到巴黎警察廳。貝恩斯與卡第納里依約在週三晚上與阿尚松會面，敦促他儘速執行祕密逮捕令。[21] 阿尚松答應他們會親自督導這項工作，並且相約在星期四上午十一點再過來討論。第二天，他們準時抵達，阿尚松於是交給他們一份國務卿收監令的抄本，還有一封隨附的信件，收件人為慈善兄弟會（Brothers of Charity）會長，亦即夏宏通精神病院的主持人。他向他們指出，國王的財政大臣將會支付所有的費用。

貝恩斯與卡第納里來到聖凱薩琳客棧，向客棧老闆結清了食宿費，隨即前往胡若望的房間。他們兩人都帶著馬鞭。兩人都無法向胡若望表明自己的意圖，因此只能硬把他拉出客棧。不曉得是因為看到等待著他的馬車，還是室外明亮的光線，或是他們兩人臉上的表情，胡若望突然感到一陣驚恐，而伸手抓向卡第納里的臉。卡第納里往後躍開，但胡若望還是抓到他的襯衫前襟，一把扯破襯衫。貝恩斯揮鞭猛打胡若望，卡第納里也是。在貝恩斯的朋友幫忙下，他們才拖著胡若望往馬車走去。胡若望趴在地上，抗拒他們的拖行，周圍也開始有好奇的路人聚集圍觀。這些旁觀群眾雖然不曉得發生了什麼事，卻不禁對胡若望感到同情。卡第納里把人群推開，貝恩斯和他的朋友則把胡若望扛進馬車裡，並且一起跳上了車。他們抽出一付手銬，銬住了他的手腕。[22]

馬車隨即開動。卡第納里騎上馬，跟在車旁護送。通往夏宏通的道路始於聖安托萬門，而從聖凱薩琳客棧到聖安托萬門有兩條捷徑：一條經過發願者之家與圓頂雄偉的聖路易教堂；另一條則是經過有著三座奇特高塔的聖保羅教堂。[23] 路上的行人看到這輛馬車奔馳而過，想必會看見一張臉龐貼著馬車的車窗，下巴靠在戴著手銬的雙手上。

第九章　囚禁

一七二三年五月六日　星期四

夏宏通

在夏宏通醫院裡，共有四幢主要建築設有收容精神病患的病房。這四幢建築排列成一個對稱的十字架，每幢建築各有三層樓高，斜屋頂下方還有一個頂樓層。這四幢建築的內部格局都相同，每一層樓各有兩排病房，中間隔著一條走道。

這四幢建築右側緊鄰著慈善兄弟會的餐廳。用餐室樓上有個空間寬敞的交誼廳，可供接待重要賓客或舉行正式會議。交誼廳樓上的頂樓設有一間供病患使用的禮拜堂，可由一道獨立的樓梯前往。慈善兄弟會的會員可以從餐廳沿著伙房上方的一條走廊走到一座小橋，跨越另一個小中庭，通往夏宏通的一大景點：也就是占地八公頃的寬廣花園與家用農場。雅緻的步道沿途種滿了胡桃樹，還有菜園與葡萄園，足以供應醫院絕大部分的需求。穿越田野和花園，可以望見廣闊的草地和凡森城堡（Château de Vincennes）。在花園的西端，則是醫院自己的墓園。花園並不對大部分的病患開放，因為圍牆太矮，安全堪虞。

花園位於一片隆起的狹長土地上，高約十八公尺，與馬恩河平行延伸。但在精神病患宿舍的座落地點，這條地脊卻轉為陡坡而一路下滑至河畔。為了避免崩坍，斜坡處堆滿了岩塊，堆疊高度還比建築物高出幾公尺。其中一幢宿舍的背面與餐廳形成直角，依傍著這片防堵牆，另一端則與宿舍平行於馬恩河的東西向側廳相接。因此，只要興建起一面高牆，即可造就兩座封閉的庭院。[1]

這兩座庭院都曬不到太陽，因為空間並不寬敞，而且周圍的建築物都相當高。這兩座庭院也無法與四方的空氣流通，因此醫院和宿舍的糞便氣味都集中在庭院裡。慈善兄弟會共有十名成員，他們經常討論醫院事務，遇到重大抉擇就以黑色和白色的石頭祕密投票決定，他們曾在全體會議中討論過糞便問題，但不太確定該怎麼辦。[2] 他們考慮過遷移若干關鍵設施，例如診療所或是他們自己的住所，以遠離那股臭味。他們也考慮過興建比較容易清理的公共廁所。

胡若望躺在他位於庭院裡的床墊上。他在醫院院長的命令下被帶到室外，因為他自從四月十五日被貝恩斯與卡第納里帶到這裡之後，就極少下床。院長認為到室外透透氣會對他有好處，即便是庭院裡這種臭氣沖天的空氣也一樣。胡若望如果仰望上方，可以看到天空。[3]

一七二三年七月二十七日　星期二

羅馬

傅聖澤前往羅馬的旅程平靜無波，但他倒是生了一場病。在前往里昂的途中，他到位於揚河與瑟蘭河之間的阿瓦雍（Avallon）探望姐姐，那裡是她先生的莊園所在地。從里昂轉車出發之後，他翻越了阿爾卑斯山脈，穿越都靈（Turin）與米蘭，在六月四日抵達羅馬。[4]

傳聖澤幾乎立即獲得教宗英諾森十三世接見，就在六月八日。他們針對中國與各種禮儀談了兩個小時。這場會面令他深感禮遇，尤其是教宗陛下在不久之前才剛生了一場重病。[5]

儘管羅馬的耶穌會組織財力雄厚，規模也相當大，傅聖澤卻沒有和他們住在一起，教宗親自下達命令，邀請他住在教廷傳信部學院建築裡的寬敞公寓。除了教宗之外，他也會晤了傳信部的監牧及祕書——薩克里潘特（Sacripante）樞機主教與卡拉法蒙席（Caraffa）。[6]由於他們負責督導所有的傳教工作，因此算是潘如神父的最高上司，而潘如正是當初在半個地球外的廣州最早雇用胡若望的人。

傅聖澤並沒有完全把胡若望拋在腦後，而貝恩斯與卡第納里寄給他的信也沒有向他保證，胡若望確實受到了適當的照料。[7]貝恩斯持著祕密逮捕令將胡若望送進瘋人院的時候，曾透過阿尚松或杜布瓦向夏宏通的院長告知，國王將會支付胡若望的一切開銷，但錢顯然一直沒有撥下來。卡第納里寫信跟傅聖澤報告，夏宏通的院長表示，如果沒有在短期內收到款項，就不會再繼續收留胡若望，而這筆款項卻至今都還無消無息。傅聖澤出乎意料地得以會見薩克里潘特及卡拉法，顯然是天意。這麼一來，他即可透過他們直接接觸主掌中國傳教團事務的特殊委員會，其成員都是由教宗親自挑選的樞機主教組成。胡若望自然屬於中國事務。傅聖澤開始草擬一份陳情書，希望這些樞機主教能夠關切「一位名叫胡若望的中國文人」——但他現在把胡若望的名字寫成義大利文，因此「John Hu」成了「Giovanni Hu」。

傅聖澤沒有寫信給胡若望，因為他仍有許許多多的事情要忙。[8] 他必須整理自己對中國禮儀的觀點，並且說明它們在本質上是否屬於迷信，以供學問高深的教會人士審閱。他必須撰寫報告仔細說明自己和中國其他耶穌會教士的關係，以及所有人在一七二一年春季與教宗特使嘉樂的聯繫——如果沒有聯繫也必須報告——並且呈交給由樞機主教組成的特別調查委員會。[9] 他必須說明自己的觀念，包括如何詮釋中國最早的表意文字與典籍，以及這些文字當中暗藏了哪些密碼能代表唯一真實的宗教。除此之外，他的書籍也還有些問題必須處理。有人試圖把他還留在巴黎的書沒收充公，也許是比尼昂在背後主導，但教廷大使馬錫不斷對杜布瓦樞機主教施壓，所以這些書仍有機會在不久之後送往羅馬。[10] 屆時傅聖澤的藏書即可大致上再次聚集於一處，儘管他還有一千兩百冊書籍留在北京，也還沒計入其他留在廣州的書籍。

另外，傅聖澤也不斷與法國國王的告解神父黎涅爾斯持續通信，而且內容愈來愈充滿敵意與憤怒。[11] 當初黎涅爾斯曾對傅聖澤的那些中文書籍提供不少協助，但現在卻認為傅聖澤的觀點過於激進、行為過於莽撞，而且只因為對中國禮儀的立場不同，就惡毒批評前耶穌會的同僚。「在我看來，」黎涅爾斯在六月二十九日寫信向傅聖澤表示：「你也許該少學點中文，而多花點時間研習慈愛的學問。」

「那封信實在貶低了您的人格。」傅聖澤回信道。他必須坦承指出，所有耶穌會成員所服從與效忠的對象乃是教宗，而不是彼此。在過去的每一個重要時刻——包括匆促離開北京因而失去一段研究的時間、喪失許多書籍，以及在五十七歲乘船展開一場浪濤洶湧的海上之旅——他都遵循了這樣的服從之道。黎涅爾斯的批評並不正確。傅聖澤依照他自己的慣例，在信末問候對方一聲又回刺對方一槍：「希望這封信能夠讓您看得開心。唯有如此才足以證明您確實熱愛真誠與坦率，如同您向來宣稱的。」

無論如何，傅聖澤頗為幸運，在羅馬又找到了另一名中國人，一個受過良好教育而且溫和有禮的年輕人，被送到羅馬進修預備成為教士，也非常樂於幫傅聖澤翻譯他的中文書籍。這麼一來，他就根本不需要胡若望了。[12]

一七二三年十月二十一日　星期四

夏宏通

傅聖澤擔心錢的問題確實有其道理。必要的款項要是再不撥給夏宏通的慈善兄弟會，胡若望就不免要有麻煩了。並不是說慈善兄弟會的成員都貪財無厭——完全不是如此。他們把自己的人生全部投注於照顧老年人與病患，還有嚴重心理失常的人士。不過，天賜聖若望會（St. John of God）卻多多少少預期夏宏通的這家醫院能夠帶來收益。這筆利潤通常交給教派總部，因為總部每年都向醫院收取三千法郎，相當於「徵稅」；不然，就是由夏宏通的慈善兄弟會開會針對個案投票決定，而將利潤贈予教派中比較缺乏資金的機構，否則這些機構就可能必須借貸，甚至被迫關閉其所經營的療養院。這樣的贈予金額通常在數百法郎左右，偶爾可達一千法郎以上，連同夏宏通醫院意外獲贈的家具或銀器，或是病患身後遺留給兄弟會的物品。[13]

夏宏通醫院還有其他許多問題，不但占據了慈善兄弟會的許多注意力，而且處理起來也都必須花費許多金錢。他們不得不擱下餐廳屋頂的漏水問題以及大規模的改建計畫，原因是包商在工人與建材成本高漲的情況下揚言取消原本的協議。他們用水所仰賴的貯水槽也有漏水問題，由馬匹拉動的泵浦輪子也有不少破裂與腐朽之處，以致發生意外的風險相當高。此外，為了確保未來償付能力而從事的土地交易也是一大花費，例如在夏宏通上方的山丘購置額外田地，或是購買夏宏通村裡的房屋，不但改裝成商店，也將閣樓裝潢之後出租給商人。[14] 有時候，投資房產是以單純的買賣方式來進行，例如賣掉聖安托萬城郊位於夏宏通道路靠近巴黎那端的五棟小屋，再轉而在夏宏通購買兩棟雅緻的房屋，價格分別為一萬法郎與八千五百法郎。另外還有林林總總的各種花費，例如葡萄樹必須挖除或重新種植、走道與灌木林需要種植遮蔭樹木，田地所需的糞肥也必須向鄰近的馬舍成批購買而來。[15]

慈善兄弟會與夏宏通教區訂定了一項非常有利的協議，只需為他們龐大的花園向教區支付每英畝三十蘇的低廉地租。但另一方面，他們與夏宏通領主勞希葉（Laurière）及其夫人卻有著無止無盡的土地與權利紛爭，而且這對夫妻兩人都同樣惡劣。[16] 勞希葉夫婦在醫院前方蓋起石牆，阻礙人員進出，「猶如以止血帶捆住醫院」，負責記錄的慈善兄弟會成員寫道。此外，他們還曾一度阻撓馬恩河上的船隻為醫院運送補給品。在這種狀況下，慈善兄弟會不得不聘請收費高昂的律師，但也設法號召他們本身的支持者：小卡赫（Carré Le Jeune）是他們在巴黎議會的遊說者，而奧爾良的侯必亞家族（Robillards，家族中的兒子是當地議會的律師，他父親則是夏宏通的住院病患）也樂於以優厚的條件提供大筆貸款。

一旦遇到像胡若望這樣的窮苦病患，夏宏通醫院根本收不到分文。醫院靠著本身收容老年人或精神病患的名聲賺取收入。這類住院對象通常只要付錢，即可獲得相當周到的照顧。實際上，根據規定，院長必須每週兩次親自探訪每一名「退休人士」——這是院方對這些病患的稱呼——「以便撫慰他們，並且清楚掌握他們的狀況」，才能向他們的家屬提供內容精確的報告。[17] 只要冬天生起壁爐的爐火，再加上南側窗外的河流景觀，牆壁上掛上繡帷與地板鋪了地毯，即便是胡若望所住的那幢建築也可以布置得相當舒適。此外，在慈善兄弟會的餐廳與伙房後方，還有另一幢獨立的醫院建築，專門收容病危患者，裡面只有一個大房間，放置十四張床，整齊排成兩列。房間北端還設有一個聖壇，以便為躺在床上的病患舉行禮拜。

這是醫院原本的核心建築，是在一六四一年由軍隊主計長勒布朗（Sébastien Leblanc）捐贈給天賜聖若望會當中的慈善兄弟會。[18] 醫院本身儘可能保持潔淨，因為兄弟會的許多成員都睡在主病房樓上的一排房間裡。有些身家富有的退休人士——身心機能都還相當良好——也可和兄弟會成員住在位於醫院主要大樓以東的宿舍，接近溫室與院長住所旁那座美麗的花園。宿舍裡設有一間撞球室，最受禮遇的退休人士甚至可以在山丘上的大花園裡漫步，雖然那邊圍牆太矮而不能讓危險病患進入。[19]

慈善兄弟會對終身住院的退休人士收取六千法郎的費用。[20] 許多家庭都沒有那麼多的現金，因此也可用土地或房產支付，甚至是法國新興的銀行所簽發的兌換票據——但有時會跳票，所以收到時必須小心。[21] 有些家庭甚至也會把發瘋的親屬送進醫院裡終身居住，並且承諾利用這名親屬死亡之後的遺產支付其住院費用。前國王的護衛火槍手尚・巴蒂斯特・參福瑞（Jean Batiste Sainfray）對他精神錯亂的哥哥皮耶就曾採用這樣的方法。[22] 對於慈善兄弟會而言，這種做法乃是一種精算後的賭博：舉例而言，年紀老邁的馮索瓦・侯必亞（François Robillard）已在醫院裡住了十三年，各種花費早已超越了他支付的費用。[23] 除了前述的定額款項之外，終身病患家屬在病患住院期間也必須額外支付每年一百二十至一百五十法郎的飲食與治裝費。

夏宏通醫院大部分的退休人士都必須付費才能獲得收容。基本年費共有兩種費率，一種從九百法郎起跳，可逐步提高至一千兩百法郎；另一種則是介於一千兩百至兩千法郎之間。支付較高費用的退休人士，每一餐都可吃到雞肉或其他禽肉。肉類的份量隨著費用的高低而增減。[24]

有些退休人士非常富有，個人財物的價值遠比大多數人一生的收入還高。雷文涅男爵（Baron Leveneur）曾把他的繡花外套與背心交給慈善兄弟會販賣，以便為退休人士的小禮拜堂購買新的聖壇罩巾，結果那兩件衣服就賣得了五百法郎。[25] 醫院裡甚至還住了一位算得上是貴族的英國人，人稱馬納斯先生（Mr. Manners），是路特蘭公爵（Duke of Rutland）的私生兄長。他在夏宏通醫院已經住了八、九年左右。他也許和貝恩斯一樣，原本隨著遭到流放的詹姆士二世來到法國，而在此待了下來。也有可能是他身世的醜聞太聳人聽聞，所以英國親屬希望他住得愈遠愈好。[26]

當初胡若望被送進夏宏通醫院，看起來似乎至少會有三個付款來源：貝恩斯、法國政府與天主教會，但院方卻至今為止都沒收到一毛錢。貝恩斯從傅聖澤手上拿到的一百法郎，已經花掉了四十法郎，用於支付胡若望在聖凱薩琳客棧的食宿費，以及租用馬車把胡若望送到夏宏通，還有後續前去探望他的交通費。不過，剩下的六十法郎就沒有再看到他拿出來了。國務卿杜布瓦與警察總監阿尚松保證，國王會支付胡若望的住院費用，卻沒有進一步落實承諾。羅馬的樞機主教雖在傅聖澤的敦促下，開會決定透過駐在巴黎的教廷大使授予一筆款項，以便在胡若望恢復神智之後送他回中國，或者他如果沒有康復，就用於支應他在夏宏通的住院費，但這筆錢卻也一直沒有撥出。問題在於，對於提撥這筆款項，這群樞機主角的講法非常謹慎，指示教廷大使，除非慈善兄弟會拒絕負擔胡若望的基本食宿費用，才能使用教廷傳信部的經費支付胡若望的開銷。[27]教廷大使認為這項指示的用意乃是要他尋求「教廷傳信部的最大利益」與「最適合那名中國人的解決方案」，於是在十月與夏宏通醫院的院長會面，說服對方把胡若望當成慈善個案收容。[28]

沒有證據顯示慈善兄弟會曾經刻意虐待胡若望，但行為紀錄倒是顯示除了每天例行照顧病患的工作之外，其他時間他們都是一副游手好閒的模樣。有些人以高額賭注比賽撞球，有些人獨自漫步於鄉間，甚至變裝出遊，有些則是徘徊在伙房裡，藉著烹飪的爐火取暖。有些人喜歡炫耀自己的懷錶或是昂貴的鼻煙盒，或是在頸間露出一小片軟布領、在袖子裡裝上假袖口、套上精緻的長襪、在教士袍外穿上保暖合身的裘斯特克式外套，甚至在他們樣式樸素的鞋子別上銅鈕扣。有些人刻意蓄長髮，有些人以暱名來稱呼退休人士和病患，甚至還曾經有人在醫院的園區內射擊火器——想必是兄弟會的成員打獵取樂，因為退休人士身上絕對沒有槍枝。[29]實際上，慈善兄弟會的成員應該沒有多少人經常見到胡若望。貧窮的病患都交由一名信徒照料，一個約聘的服務人員，名叫勒孔特。慈善兄弟會對勒孔特不是很有信心，但要找到願意接下這種工作的人並不容易。[30]

根據知情人士所說，夏宏通醫院的慈善病患所面臨的最大問題，以及他們遭遇的「羞辱與痛苦」，可能只是種種平凡無奇的小事累積而成的結果：孤獨與寒冷；缺乏富有病患所享有的若干享受；不得進入診療所、澡堂或者能夠讓人伸展走動的空間；缺乏陽光、沒有蠟燭，也沒有書本可以閱讀或是任何活動可以做；完全沒有任何「能夠為他提供消遣或提振心情的小東西」。[31] 貝恩斯曾在一時的善心大發之下，指稱自己希望帶些小東西給胡若望，但實際上並沒有付諸行動。對於最貧窮的病患，院方不但不發放鞋子，也沒有乾淨的衣物與床單。胡若望來到夏宏通醫院的時候，身上穿的是傅聖澤在凡恩幫他做的那套粗布衣服，當時就已磨損得頗為嚴重，另外還帶了兩套中式服裝。這些衣服如果穿破了，也沒有新的衣服可以替換。[32]

院長對於這些無關緊要的小細節所知不多，但他對胡若望的心靈狀態倒是頗為擔憂。別人藉著比畫手勢詢問胡若望是否想要告解或是領聖餐，他以手勢回答：「不要。」[33]

一七二三年十月二十二日　星期五——

一七二五年八月九日　星期四

夏宏通

沒有人能夠確知胡若望究竟神智正不正常；有些人說正常，有些人說不正常。教廷大使的豫審官羅塔一度認為胡若望「已經恢復神智」，卡第納里認為胡若望「多少有些憤怒」，貝恩斯則是不再問了。他已因往返夏宏通而用光了傅聖澤給他的錢。[34] 教廷大使謹守本分，大體上不發表評論，但認為目前還不適合送胡若望回家。[35] 阿尚松已下達命令，只有經過他核可的人才能到夏宏通探望胡若望，所以胡若望並沒有其他訪客。[36] 院長曾想要找個會說中文的人，以便瞭解胡若望對於這一切的看法，但似乎都找不到這樣的人，於是也就放棄了。[37]

夏宏通醫院的貧窮病患所住的病房並沒有嚴格規畫成一模一樣的大小，但大致都是深三・六公尺、寬二公尺至二・七公尺左右，內牆厚五十公分。病房的門扇由五公分厚的橡木板製成，朝內開啟，門外則由一只鎖和一個門閂鎖上。每一扇門在距離地面約九十公分高的地方都有個正方形開口，開口上有個能夠從門外閂上的遮板。經營醫院的慈善兄弟會成員若是對進入病房有所顧慮，即可輕易將餐點與飲水從這個開口送進去。

病房的牆壁與天花板都塗上灰泥，樓上的地板由磚塊構成，一樓的地板則是由岩石砌成。每一間病房面對門口的牆上都有一扇窗，寬約九十公分，高約一點四公尺。窗格裝有玻璃，但玻璃通常不是破了就是早已消失不見。[38]此外，窗戶可以讓病患自行順著滑軌上推開啟。窗戶外面裝有交叉的鐵欄杆，防止病患逃脫。

樓上的部分病房設有壁爐，位於南側的房間可以望見入口處寬敞的庭院——當地的村民偶爾會把這座庭院當成公園——視野並可順著一片緩坡延伸到馬恩河畔。河邊有個小碼頭，河上的駁船皆在此卸載醫院所需的補給品。一樓所有病房的窗戶都可由鐵欄杆外的活動遮板關閉。這麼一來，病房裡就會陷入一片黑暗。

每間病房裡的床鋪都固定在窗戶旁的角落。床架由十三至十九平方公分的沉重木樑組成，固定在兩面牆壁上，外側角落再由一根同樣厚重的木材當床腳。這些木樑上架著比較小的木板以構成床面，再鋪上一個床墊。

每間病房在門邊的牆壁上都有一個木箱，頂端開著一個橢圓大孔，圓孔底下擺著一只裝糞便的桶子。在面走廊的那道牆上，牆根有個正方形開口，由一片從外面門上的橡木蓋板關著。桶子一旦滿了，蓋板就可由房外打開，將桶子拿出去倒乾淨，同樣不需要有人進到病房裡。

從一七二三年十月二十一日——院長與教廷大使在這一天同意繼續將胡若望當成慈善個案而收容在夏宏通醫院——到一七二五年八月九日，總共六百五十八天的期間，我們只知道院方為胡若望購買了一件物品。[39] 夏宏通醫院的一名員工給了他一件品質不錯的暖被，以供他夜裡保暖。不過，胡若望卻把被子撕成了碎片。[40]

第十章　獲釋

一七二五年八月十日　星期五

夏宏通

有人對胡若望說著中文。自從一七二三年春天，傅聖澤問他是否願意改變主意前往羅馬之後，就不曾聽別人說過他的母語。說話的人是個高大黝黑的男子。他說話帶有外國人的口音，但會說粵語。

這個人是越北人，由教廷大使帶來夏宏通。而這位教廷大使，就是胡若望在將近三年前的一天早上曾經幫他搬過椅子的那一位。[1] 這名越北人之所以懂得中文，其實是個巧合的結果。他在奧斯定會教士巴羅齊（Roberto Barrozzi）的引導下皈依天主教，後來巴羅齊從北圻被召回歐洲，他們為了等待前往法國的船隻而在廣州住了將近一年，於是這名越北人就趁機學了中文。他在巴黎住了一陣子之後，也很快學會了法語。[2] 教廷大使手下的人員聽聞巴羅齊身邊有這麼一個懂得三種語言的人物，就向上稟報，大使也因此想起，羅馬的樞機主教曾在兩年前要求他，得不時前去瞭解胡若望的精神狀態。這麼一來，他即可透過這名越北人的傳譯與胡若望當面談話，自行判斷他的情況。

胡若望在教廷大使面前頗為健談，但話題卻一直圍繞在一項主要論點上：亦即傅聖澤欠他一筆錢。他們兩人當初曾有協議，但傅聖澤沒有遵守諾言。胡若望原本應當每年收到二十兩的酬勞，卻一毛錢也沒拿到。傅聖澤必須清償欠款。

那名越北人盡力轉達胡若望的話，但還是不免聽不懂而漏掉某些詞句。教廷大使記下了傅聖澤對胡若望欠錢這回事。此外，他也對醫院院長剛告訴他的一件事情很感興趣，也就是胡若望好端端撕碎了一件暖被。「我撕我自己的被子有什麼不對？」胡若望答道：「那件被子本來就是給我的。」在這兩位訪客離開之前，胡若望匆匆寫了一封信給傅聖澤，問他什麼時候會回巴黎。他把信交給那名越北人，顯然認定對方會把信送到羅馬。

教廷大使認為胡若望可能神智正常，於是決定詢問船班，包括從聖馬羅（St. Malo）、路易港或奧斯坦德啟航的船隻，因為羅馬的樞機主教曾在兩年前表示他們將支付胡若望的返國旅費。他認為傅聖澤如果真的欠胡若望錢，就應當出錢為胡若望治裝，並且幫他負擔從廣州返回家鄉的旅費。教廷大使決定寫信建議傅聖澤這麼做。在一片混亂當中，胡若望的信卻不慎遺失了。

一七二五年九月二十四日　星期一

羅馬，巴黎，夏宏通

教廷大使的信在八月底送到傅聖澤手上，而他也隨即回信指出：胡若望從來不曾按照合約履行他所應做的工作。[3] 胡若望一再令他失望，因此沒有權利要求每年二十兩的酬勞。「胡若望如果要求我支付他的薪資，足見他的神智還未恢復正常。」

傅聖澤認為自己的立場完全站得住腳，但仍然沒有忽略教廷大使在信中的暗示，亦即只要傅聖澤願意出錢，教廷就會送胡若望返回中國。傅聖澤雖然近來剛升上主教，手上卻沒有太多閒錢。他的主教職位僅是個榮銜——他現在的職稱全銜是厄勞忒勞城非信徒地區主教（Bishop of Eleutheropolis *in partibus infidelium*）——換句話說，他的主教轄區只存在於歷史中，是個位於馬其頓與巴勒斯坦境內的區域。耶穌會的規章禁止成員接受這種頭銜，傅聖澤年輕時也宣告過絕不接受這類榮譽，但剛上任的教宗本篤十三世卻免除了他的戒律。[4]

早在回信給教廷大使之前，傅聖澤就已送出一份備忘錄給主掌中國事務的樞機主教委員會，領導人仍是薩克里潘特。在傅聖澤的提醒下，他們想起了那個隨他前來歐洲擔任祕書與助手、協助他翻譯中文書籍的「中國文人胡若望」。他提到教宗特使嘉樂曾說，胡若望如果到了羅馬，他願意幫他找份工作。傅聖澤接著談到胡若望發瘋的過程，以及教廷大使如何慨然相助，將這名中國人送進慈善醫院裡。最後，傅聖澤也感謝這群樞機主教的寬厚之舉，他們在一七二三年九月投票決定資助胡若望，傅聖澤提議可以再次實施這樣的善行，出資為胡若望購置衣物以及支付當地的旅行費用。「我懇求各位大人不吝於以這樣的恢宏善舉嘉惠這名新進信徒，」傅聖澤在結論中寫道：「尤其是截至目前為止，對於這個人的支應完全沒有造成傳信部樞機團的任何花費。」[5]

到了九月五日，那群樞機主教已決定支付胡若望的返鄉旅費以及其他合理的附帶開銷。他們得知胡若望就住在廣州，因此認定沒有必要在他於廣州上岸之後進一步提供陸上旅費。[6] 他們這麼通知了駐巴黎的教廷大使。

教廷大使在九月二十四日回信，感謝薩克里潘特的慷慨施惠。開往中國的船班要到明年一月才會啟航，所以他們有「許多時間能夠安排那名中國人的旅程」。[7]

胡若望仍被留在夏宏通醫院裡。

一七二五年十月十二日　星期五
夏宏通

戈維理神父對於胡若望的問題已擔憂了將近四年。他當初不希望傅聖澤帶中國人助手前來歐洲，部分原因是他不同意傅聖澤對中國典籍的宗教詮釋，再加上傅聖澤對中國禮儀的立場跟教廷傳信部接近，還有一部分則是因為，胡若望如果死於海外，廣州的天主教社群將不免必須承擔其法律後果，甚至有人會來敲詐。由於這幾個原因，也許再加上他本身對傅聖澤的厭惡，戈維理試圖對東印度公司的總管人員布雷特施與特維爾施壓，希望他們阻止傅聖澤的中國助手上船。

胡若望離開廣州之後，戈維理最擔憂的恐懼就大致上成真了。胡若望的母親與兄弟幾乎從一開始就對廣州的耶穌會士糾纏不休，不斷向他們要錢，認定胡若望既是耶穌會的成員，戈維理自然必須為他們的生計負起責任。戈維理迴避問題，把他們轉給傳信部的潘如神父，畢竟胡若望原本就是在那裡工作，潘如也協助胡若望踏上歐洲之旅。此外，一個中國男孩在珠江河畔的稻田裡割稻，卻遭到一名在長舟上獵鳥的英國水手開槍誤擊身亡，以致華洋之間的關係又再次嚴重緊繃。[8] 這起事件發生於一七二二年十月，結果，前一年才剛在一場意外殺人案中僥倖逃過一劫的斯卡特古德只得籌措兩千兩做為賠償，但男孩家人只收到三百五十兩，其他錢都遭到地方官員層層剋扣。當地居民對於這起事件仍有憤怒的耳語。

巧合的是，康熙皇帝於一七二二年十二月駕崩之後，傳教團在中國的處境也開始改變。繼位的皇子雍正對歐洲人及其宗教不屑一顧，以致大多數傳教士都被放逐到廣州或澳門。[9] 耶穌會在北京的影響力頓時告終，於是藉由包容中國人的意識形態而改變其宗教信仰的策略——利瑪竇在十六世紀末開始採取這種做法，此後即持續流傳下來——也就不免受到質疑。

戈維理於一七二四年搭乘英國船隻蒙塔格號（*Montague*）返回歐洲。他在航行期間寫信給傅聖澤，於七月上岸之後寄出，信中向他告知了中國當前的悲慘狀況，同時也評論了傅聖澤的中國典籍詮釋觀點：「藉著闡釋中國的經典體系，你希望能挽救中國傳教團，揭開長久以來掩藏了真實宗教大奧祕的那道面紗。」傅聖澤也許懷疑這句話帶有諷刺或批評的意味，於是在信紙邊緣注記，認為戈維理根本不瞭解他的觀點，但仍在九月底以恭敬有禮的言詞回信，討論中國典籍與政治議題，並且詢問他在中國認識的諸位神父的近況。不過，傅聖澤在最後還是忍不住嘲諷一下對方。在信末的種種問候語之後，他接著寫道（姓氏的拼字稍微有些錯誤）：「此外，您若曉得布雷特施與特維爾兩位先生的任何消息，也請惠予告知。」

戈維理在十一月五日回信。他在巴黎生了一場病，這時正在醫院裡休養。他回答了一切關於中國耶穌會士的問題，但完全沒提及布雷特施與特維爾的消息。十一月二十二日，傅聖澤還來不及回信，戈維理就再次寫信提起兩項議題。其中一項是，多年來一再有人以繁複細膩的手段企圖阻撓傅聖澤採購圖書，以及這些書本的歸屬問題；另外一項則是胡若望的問題，而且從信中明顯可見得戈維理已知曉了胡若望在法國的狀況。他描述了胡若望的家人纏著耶穌會士要錢的情形，接著指出：他們要是聽聞了胡若望的「病況」以及他的遭遇，將會作何感想？「他的妻兒有可能放過我們嗎？如果那個中國人最後沒有回國，而是死在法國，他們豈不是有權要求高額的損失補償？」中國人極好興訟，廣州人更是如此，戈維理表示。看看近來那三件歐洲人造成中國人死亡的案例，每件案子都迫使歐洲人付出慘痛代價。傅聖澤是不是應該說服教宗把胡若望送回中國？

傅聖澤怒氣沖沖地在一七二五年一月二日回信。「我認為您的擔憂未免太過了，」他寫道。當初要不是因為戈維理從中作梗，他大可雇用一名經過適切挑選的中國人，「不僅能夠勝任我交付的工作，也不會像這個人帶給我那麼多的麻煩」。胡若望是個四十歲的成年人，他如果想走出屬於自己的路，他的兒子蓋斯帕又怎麼能夠抱怨呢？況且胡若望也沒有妻子，他的妻子早在許久以前就去世了。那三個案例的中國人家屬之所以取得補償金，原因是那些事件都涉及了槍枝刀劍的暴力行為，甚至還有攻擊中國官方人員的舉動。在那種案例中，「民眾看見同胞流血，因此為了報復而不惜採取極端手段。中國官員有權懲罰殘暴輕率的外國人」。但在胡若望的例子當中，「既然沒有人犯下罪過，無辜的人又為何應該受罰呢？」胡若望如果死在歐洲，難道有人能夠「合理宣稱他是因為被歐洲人所害而死的嗎」？戈維理究竟是想要建構出什麼樣的普遍規範？「難道說只要有中國人隨著我們搭船前往西方國家，我們就有責任保證他們必然永遠都不會死嗎？誰會這麼想？就算是中國人也不會吧？」

戈維理沒有回覆這封措詞尖銳的信，也沒有立即採取行動。[10] 一方面是因為阿尚松禁止其他人探望胡若望，另一方面還有時機的問題。戈維理認識了貝恩斯，並且透過貝恩斯得知，因為當地找不到懂得中文的教士，胡若望尚未領聖餐也尚未告解，對此夏宏通醫院的院長頗感不安。戈維理如果前去接受胡若望的告解，雖可藉此規避阿尚松的禁令，卻不免違反另一項禁令，巴黎大主教諾瓦耶樞機主教曾下令禁止，耶穌會教士不得在他的轄區裡聆聽告解。傅聖澤曾經為了聆聽胡若望的告解而獲得特許，戈維理於是要求夏宏通醫院的圖潘（Théophile Turpin）院長取得另一項特許，以便讓他前往夏宏通。院長同意了他的要求，戈維理隨即動身出發。

胡若望講述了自己的故事，也表達了自己的想法之後，接著便提出內心的疑問：「為什麼把我關起來？」戈維理不忍心對他說原因是他們認為他瘋了，於是回答道：你以為母親身故的時候，曾經表現出極度哀傷的模樣，因此大家都很擔心你的狀況。大家擔心傅聖澤神父一旦離開之後，你就只剩下孤身一人在巴黎，屆時可能又會走失，甚至遭受傷害。

胡若望與戈維理在接待廳裡談話，而他們樓上就有一間供退休人士使用的小禮拜堂。禮拜堂內的聖壇裝飾著一件華麗的罩巾，由紅色天鵝絨和金色布料做成。當初院方出售雷文涅男爵的外套與背心得款五百法郎，結果慈善兄弟會又投票決定額外添加五百法郎，才購置了這件罩巾。

戈維理聆聽了胡若望的告解。他和傅聖澤一樣尊重胡若望的隱私，卻不認為胡若望瘋了。他認為胡若望是個中國讀書人，不但遭到令人髮指的不當對待，而且還被剝奪了應得的工資。戈維理希望胡若望能夠獲得釋放。他不會違反告解的保密原則，也沒有必要。他只會向他在巴黎的友人概述自己的所見所聞，接下來就交給他們去口耳相傳即可。

戈維理離開之前，囑咐胡若望再次寫信給傅聖澤。而這一次，戈維理將會確認胡若望的信確實寄了出去，而且也會用自己的話將胡若望告訴他的一切轉告給傅聖澤。

胡若望寫給傅聖澤的信
寫於一七二五年十月十五日至三十日之間
夏宏通

敬啟者，平安。我記得我們是如何搭船、從廣東開始旅行橫跨遠洋，大約過了一年多，終於到了西方的大城市巴黎。我沒犯下任何錯，可說全賴天主與神父的護佑。不辱您把我帶到此地。對我來說，事事順利，實在很難表達心中感謝的萬分之一。

而且沒想到，雖然素昧平生，但有個長官願意讓我住在他的房子裡。但不知道他從哪裡聽來，草率地告訴我說，神父您曾殺人，這可嚇死我了，好幾天都很難過。我跟大家強調自己清清白白，但講完之後，反而被逼著要回答各種質疑。

來西方五十個月後，我寫了封信給您，託付給來夏宏通拜訪的一個高大中國人，讓他親手呈給您參閱。有勞您告知何時歸來。那否信不知交到您手上否？

近日，敬愛的清水溪教堂戈（維理）神父前來訪視並安慰我，談到（您去參見）羅馬的教宗，一切平安。您也一直在考慮從西方回到廣東。我希望……（文字缺漏）近期，請您信守諾言，不會讓我陷入困境，而無法照料自己的家人。敬神、進教堂、望彌撒等等活動都禁止我去做，我怕自己已經嚴重冒犯天主，再也無法彌補罪過。

因為（戈維理）神父不久前問過我近況，所以我才寫信給您，真心地情求您諒解。不論何事，我們都應當仔細反省，根據正確的原則行事。有請告知您的旅行計畫，愈快愈好，否則我的希望不斷在流失。

我就說到這裡。僅以自己謙遜的心呈上此信給傅聖澤神父，聖號方濟各，我最尊敬的老師。

您江西的學生胡若望敬上

原文如下：

謹啟奉者：憶自粵東航海同行，及至一年有奇月日，即到大西巴里（譯注：即巴黎）京城。並無過犯，可謂托賴天主、罷德肋（譯注：「Father」之音譯，意為神父，在此信中指傳聖澤）保祐，不辱相攜，執事咸宜，難謝萬一矣！

豈派從無相識之奔事，晉住其樓？不知奚聽而妄稱罷德肋殺人，令我害怕，連日其苦，曾告白無罪，既辭，又強種種應對。

已於至西洋五十箇月日，納有啟一封，交現住間置沙榔東（譯注：夏宏通）高漢人手送投閱，請示歸期，未知到否？

目前又會清水濠堂戈老爺（譯注：即戈維理）駕臨慰言，道及老伯爾臺現在羅母府（譯注：即羅馬），□□無恙。常思至西轉廣東，請□□□在邇，難容失信，陷我□□往，養親有缺，瞻禮進堂、伏聽彌撒等事俱失，恐大得罪天主，則深難逭贖。

茲因悃情叩及便呈，仰希金諒，凡事省察循理。祈早示行旌，統難失望可也。

不宣，稟上傅罷德肋聖諱方濟各老爺　座前

贛郡堂晚生胡若望頓首[11]

一七二五年十一月十五日　星期四

羅馬

傅聖澤在十一月十二日星期一晚上收到了戈維理的一封長信，信中描寫了他在十月間到夏宏通與胡若望見面的經過。這時傅聖澤正要離開樞機主教瓜爾戴里歐（Gualterio）位於奧維亞托（Orvieto）的鄉間別墅，結束這幾個星期以來受邀作客的愉快假期。他在星期三晚上抵達羅馬，發現胡若望的信已送達了他的住處。

傅聖澤在星期四上午回信給戈維理，整封信長達十二頁，而且從頭到尾怒火熾烈不已。他把胡若望的信斥為一堆亂塗亂寫的中文，是頭腦不清的胡說八道，是瘋言瘋語。[12]不過，既然胡若望連同戈維理一起指控他的行為，他也只好一一回應他們的要點，傳聖澤寫道：

你們兩人總共提出三項要點。第一是胡若望應當也想要返回家鄉，第二是胡若望神智相當正常，第三是我欠胡若望錢。關於第一點，請讓胡若望走吧！愈快愈好，前提是他這次真的願意走，況且他在赴歐途中舉止不當，看看現在還有哪一艘船的船員願意讓他上船，不論是從奧斯坦德還是任何其他地方出發的船隻。

至於第二點，有關胡若望的神智狀況。向十字架磕頭在中國是可以接受的行為，但通常是三次、四次或九次，而不是胡若望的五次。此外，他在巴黎街頭上到處遊走，以及哀悼他根本沒有去世的母親，又該怎麼說呢？他在路易港騎走別人的馬、持刀揮舞、撞壞貝恩斯家中的房間門扇、在聖保羅教堂講道、冬天睡在敞開的窗戶底下、在發願者之家的聖器收藏室裡跳來跳去、在冬雨之中一路走到奧爾良，以上這些行為又該怎麼解釋？問問貝恩斯和他女兒是否認為胡若望神智正常。或是問問教廷大使的下屬。

至於第三點，所謂欠胡若望錢？合約就是合約。胡若望拒絕履行他的工作，不論是因為頭腦不清楚，還是惡意違約，或是生性桀驁不馴，還是出自叛逆的心態——不論你挑選哪一項為藉口都沒關係，反正每一種情形都可以找得到許多例子。胡若望什麼都沒做，但在廣州就已拿了十兩半的現銀。他有一件精緻的被褥，在路易港也獲得一套華美的服飾，還得以搭車前往巴黎。他不愁吃喝，又有先前託給貝恩斯的一百法郎。對於這麼一個人，還有什麼好說的？直接當面說他瘋了就好了。

就讓傳信部出錢讓這個人搭船離開吧！不過，戈維理，當初是因為你在廣州多管閒事，才導致我雇不到其他中國人，而只能有這麼一個選擇。

傅聖澤敬上

一七二五年十二月五日　星期六

巴黎

巴黎的警察總監換了新人，名叫埃羅（René Herault），上任還不到三個月。他幾乎一上任就聽到了傳聞。警察總監的工作本來就是要掌握各種傳聞，並且加以遏止。夏宏通醫院似乎有個不該在那裡的中國人。

埃羅行事極有效率。他比阿尚松當初接任此一職位的年紀稍大，但也只有三十四歲。他是盧昂的一名木材商人之子，第一任妻子過世之後再娶，而且前後兩任妻子的父親都是在政界深具影響力的成功人士。他在巴黎和鄉間擔任過若干重要的法律職務，表現傑出。[13]

埃羅發現，胡若望被監禁在夏宏通醫院，授權來源是他前任的阿尚松與國務卿杜布瓦所簽發的祕密逮捕令。[14] 他們承諾由國王的財政大臣支付胡若望的撫恤金，但這筆錢卻從來沒有撥下來。阿尚松既已不在其位，杜布瓦又已經去世，埃羅於是向新任國務卿取得一份撤銷前令的命令。胡若望終於得以獲釋。[15]

埃羅安排胡若望住在巴黎一間舒適的套房，並且讓他好好梳洗一番，換上體面的服裝。他要求財政部提供八百法郎，以支應胡若望返回中國的旅費，以及彌補他沒有領到的撫恤金。[16] 有艘船隻預計於一月出發，埃羅要求教廷大使立即向奧斯坦德東印度公司訂位。

埃羅還安排了一個人到胡若望的住處教他法語。

一七二六年一月十六日　星期三

巴黎

胡若望離開了巴黎，搭乘長途馬車，隆隆地朝北駛向布魯塞爾。他在那裡將與名叫史賓奈利的另一位教廷大使暫時住在一起，然後再轉車前往奧斯坦德，搭上奧斯坦德東印度公司的船隻航向廣州。[17]

胡若望自從獲得警察總監埃羅下令釋放之後，行為舉止就一直非常糟糕。他拒絕上法語課，也在他居住的公寓裡吵鬧不休，埃羅只好將他轉移到巴黎教廷大使馬錫的宅邸。不過，胡若望在馬錫的住處也沒有表現得比較好。[18]

馬錫再次派他手下的監督官卡第納里看管胡若望。這項任務指派顯得相當合理，畢竟他們兩人先前就已認識。在一月底即將由奧斯坦德啟航的其中一艘船上，已經確認有胡若望的船位，而且卡第納里兩度為胡若望訂了從巴黎到布魯塞爾的長途馬車，以便讓他及早登船。不過，胡若望兩次都在最後一刻拒絕上車，結果訂金都因此遭到沒收。

這一次，卡第納里把胡若望帶到乘車地點，並且帶了一名耶穌會神父同行，協助翻譯以及其他可能出現的問題。馬車即將出發之際，胡若望又再次退縮而拒絕上車。卡第納里想要把他推進車門裡，胡若望卻緊抓著卡第納里的上衣。卡第納里再度用力一推，又加上幾個旁觀者的幫忙，胡若望終於被推著一頭栽進了馬車裡。他就在摔跌進去的同時往後一踢，正中卡第納里的胸部，踢得他倒退了好幾步。除了胡若望之外，車上只有另外一名乘客。卡第納里請他在途中幫忙看管胡若望。卡第納里可不打算自己陪伴胡若望同行。

卡第納里在四年後憶述這起事件，指稱他已不記得目睹這一切經過的那位耶穌會神父的姓名。當然，我們知道那位神父就是戈維理，直到最後一刻都還不斷熱心傳譯，直到胡若望安然駛離他們的視線之外為止。[19]

第十一章　返鄉

一七二六年十一月初
廣州附近

胡若望回來了！返鄉的旅程相當平順，從奧斯坦德一同啟航的三艘船隻在十月抵達廣州的泊船處。除了胡若望以及與中國貿易的種種商品和金條銀塊之外，這三艘船隻還為廣州與北京的耶穌會傳教士帶來了信件。[1]

胡若望立即前往教廷傳信部的傳教所，潘如神父仍是庶務長。胡若望要求傳信部賠償他五年份的薪資，也就是傅聖澤向他承諾卻從來不曾支付的每年二十兩。為了安撫他，潘如於是先給了他一部分的款項。

胡若望和母親見面，得知在他離開期間，母親只有收到傳教團方面心不甘情不願地給予少數生活方面的補助。他也見了兒子蓋斯帕，這時已長成一名青年，也在廣州的教會與潘如共事。

胡若望站在傳信部的傳教所與教堂外面——他們換了一名新的看門人——朝著街道大吼大叫。他對著經過的路人高聲呼喊，吸引他們停下來聽他說話。他向他們訴說了自己的歐洲之旅，提及自己在歐洲遭到的粗暴對待，也提到自己完全沒有收到事前承諾的薪資。

胡若望口才便給又頑強不已，圍觀的群眾愈來愈多。潘如說他會去找官吏過來，把胡若望關進牢裡。胡若望要求取得他應得的錢，潘如於是說服了奧斯坦德船隻的船長支付餘額，因為警察總監埃羅就是把法國國王撥發的款項寄放在船長那邊。

胡若望一領到錢，隨即出外購物，買了彷彿是宴會要穿的華麗服飾。他穿上華服，帶著母親和兒子出發前往不遠處的故鄉。

他兒子受不了父親的裝腔作勢，於是逃到澳門和其他基督徒住在一起。

胡若望在家鄉好好休息了一會兒，周遭都是他熟悉的景物與語言。他的兒子跑了，可是誰的兒子不是這麼一回事？至少母親還陪在他身邊。胡若望的家鄉裡沒人有過和他一樣的旅遊經歷，在廣州也沒有，甚至整個廣東省都沒有。

胡若望坐在夕陽下，望著枝葉低垂的榕樹。稻田已採收完畢，熟悉的溪流緩緩流動，遠方隱隱可見山丘的輪廓線。「胡伯伯！胡伯伯！」孩童高聲叫著，眼裡充滿了期待，尖細自信的嗓音此起彼落。「胡伯伯，跟我們說說西洋是什麼模樣。」

胡若望沉吟了一會兒，閉上眼睛。

「欸，」他說：「是這樣的。」[2]

Spence, Joseph, ed. James M. Osborn. *Observations, Anecdotes and Characters of Books and Men.* Oxford, 1966.
Thomas-Lacroix, P. *Le vieux Vannes.* Vannes, 1975.

Viani, Sostegno. *Istona delle cose operate nella China da Monsignor Gio. Am brogio Mezzabarba.* Milan. 1739.

Voltaire (François Marie Arouet). "Anecdote singulière sur le père Fouquet [sic], ci-devant jésuire," in *Dictionnaire phllosophique,* section "Ana, anecdotes," 1784 ed., pp. 304-306.
Voltaire. *The Complete* Work, vol. 85. *Correspondance,* I, 1704-1729. Ed. Theodore Besterman. Geneva, 1968.

Weiss, Peter, tr. Geoffrey Skelton. *The Persecution and Assassination of Jean-Paul Marat as performed by the inmates of the Asylum of Charenton under the direction of the Marquis de Sade.* New York, 1965.
Wilhelm, Jacques. *La vie quotidienne au Marais au XVIe siècles.* Paris, 1966.

Williams, Alan. *The Police of Paris, 1718-1789.* Baton Rouge, Louisiana State University Press, 1979.

Witek, John W. *Controversial ldeas in China and in Europe: A Biography of Jean-Fraçois Foucquet, S.J. (1665-1741).* Rome, 1982.（中譯本：魏若望著，吳莉葦譯，《耶穌會士傅聖澤神甫傳：索隱派思想在中國及歐洲》，北京，大象出版社，2006）

Mungello, David E. *Curious Land:Jesuit Accommodation and the Origins of Sinology.* Studia Leibnitiana Supplementa, XXV, Stuttgart, 1985.（中譯本，孟德衛著，陳怡譯，《奇異的國度：耶穌會適應政策及漢學的起源》，北京，大象出版社，2010）
Omont, Henri. *Missions archéologiques françaises en orient aux XVIIe et XVIIe siècles,* Pt. 2. Paris, 1902.
Pfister, Louis. *Notices biographiques et bibliographiques sur Jésuites de l'ancienne mission de Chine, 1552-1773.* Shanghai, 1932, Variétés Sinologiques no. 59.

Pinot, Virgile. *Documents inédits relatifs á la connaissance de la Chine en France de 1685 á 1740.* Paris, 1932.
Porter, Roy. *A Social History of Madness: Stories of the Insane.* London, 1987.
RF. *Récit Fidéle de ce qui regarde le Chinois nommé Jean Hou que le P. Foucquet Jésulle amena de la Chine en France dans l'année* 1722 ... , transcribed by Henri Cordier, from the MS copy in the Archives des Affaires Etrangères, Paris. *Revue de l'Extrême Orient,* vol. 1, 1882, pp. 381-422 , 523-571

Rosso, Antonio Sisto. *Apostolic Legations to China of the Eighteenth Century.* South Pasadena, 1948.

Russell-Wood, A. J. R. *Fidalgos and Philanthropists: The Santa Casa da Misericordia of Bahia, 1550-1755.* London, 1968.

Santos, Paulo F. *O Barroco e o Jesuitico na Arquitetura do Brasil.* Rio de Janeiro, 1951.

Schwartz, Robert M. *Policing the Poor in Eighteenth-Century France,* Chapel Hill, University of North Carolina Press, 1988.
Sevestre, P. "Eloge de la maison de Charenton," *L'information Psychiatrique,52:3* (1976), 361-69.

Hu Ruowang (Jean Hou, John Hu, Giovanni Hu), letter by. See BAV, Borg Cin 511.

Hyde, Thomas, ed. Gregory Sharpe. *Syntagma Dissertationum;* 2 vols. Oxford, 1767.

Isherwood, Robert M. "Entertainment in the Parisian Fairs in the Eighteenth Century,"*Journal of Modern History,* 53 (March I981), 24-48.

Jacques, Jean-Baptiste Charles. Letter of 1 November 1722, Canton, to l'Abbé Raphaelis, *Lettres édlfiantes et curieuses.* Toulouse, 1810, vol. 19, pp. 166-199.

Jones, Colin. *Charity and* Bienfaisance: *The Treatment ofthe Poor in the Montpellier Region, 1740-1815.* Cambridge University Press, 1982.

Kreiser, B. Robert. *Miracles, Convulsions, and Ecclesiastical Politics in Early Eighteenth-Century Paris.* Princeton University Press, 1978.
Lely, Gilbert. *Vie du marquis de Sade.* Paris, 1982.

Lettres juives, ou correspondance philosophique, histonque et critique. The Hague, 1764, vol. 5, letter 147.

Lundbaek, Knud. *T.S. Bayer (1694-173 8), Pioneer Sinologist.* Scandinavian Institute of Asian Studies Monographs no. 54. London and Malmo, 1986.

Mercier, L. S. *Tableau de Paris.* 12 vols. Amsterdam, 1783.

Mercure, Le [Mercure Galant, Mercure de France], monthly issues, 1722-1724.

Morse. Hosea Ballou. *The Chronicles of the East India Company Trading to China, 1635-1834.* 4 vols. Oxford, Clarendon Press, 1926.

Foucquet, Jean-François. *Récit Fidéle de cequi regarde le Chinois nommé fean Hou. . . .* See AAE; BL, Add MSS, 26817; BAV, Borg Cin 467; RF. (The three MSS of Foucquet all use the eighteenth-century rendering "Récit Fidelle.")

Foucquet, Jean-François. "Risposte date dal. P. Gio-Francesco Fouquet [sic] della Compagnia di Giesu," Propaganda Fidei, Monday, 16 August 1723, BL, Add MSS 26817, folio pp. 179-189.

Fraser, Antonia. *The Weaker Vessel* New York, 1984.

Frezier, M. *Relation du voyage de lamerdusudaux côtes du Chify et du Perou, fait pendant les années* 1712, 1713 *et* 1714. Paris, 1716.

Gaubil, Antoine. *Correspondence de Pékin,* 1722-1759, ed. Renée Simon. Geneva, 1970.

Gaubil, Antoine. Letter of 4 November 1722, Canton, to Monseigneur de Nemond, *Lettres édtfiantes et cuneuses.* Toulouse, 1810, vol. 19, pp. 199-207.

Gauchet, Marcel, and Gladys Swain. *La pratique de l'esprit humain, l'institution et la révolution démocratique.* Paris, 1980.

Gernet, Jacques, tr. Janet Lloyd. *China and the Christian Impact, A Conflict of Cultures.* Cambridge University Press, 1985.

Goldin, Grace. "Housing the Insane: A History," *Medical and Health Annual; Encyclopaedia Britannica,* 1983, pp. 36-59.

Grand Bureau des Pauvres cette ville et Fauxbourgs de Paris [Registers of Paris poor-relief expenditures for 1721-1724]. Paris, 1725. (In *Bibliothéque Natlonale,* Paris, BN, R 7580).

Elisseeff, Danielle. *Moi Arcade, Interprète chinois du roi-soleil.* Paris, 1985.

Elisseeff-Poisle, Danielle. *Nicolas Fréret (1688-1749): Reflexions d'un humaniste du XVlIIe siècles sur la Chine.* Mémoires de l'institut des hautes études chinoises, vol. XI. Paris, n.d.

Esquirol, E. "Mérnoire historique et statistique sur la maison royale de Charenton," in *Des maladies mentales considérées sous les rapports médical, hygienique et médico-légal* 2 vols. Paris, 1838.

Favier, Jean. *Les archives nationales, état général des fonds,* vol. 1. Paris, 1978.

Fontaney, Jean de. Letter of 15 January 1704, London, to Pére de la Chaise. *Lettres édifiantes et cuneuses.* Toulouse, 1810, vol. 17, pp. 266-360.

Foss, Theodore. "The European Sojourn of Philippe Couplet and Michael Shen Fu-tsung (1683-1692)," in Marcel van Nieuwenborgh, ed., *Philippe Couplet (1623-93), the Man Who Brought China to Europe.* Louvain, forthcoming.

Foucault, Michel, tr. Richard Howard. *Madness and Civzlzation, A History of Insanity in the Age of Reason.* New York, 1973.

Foucquet, Jean-François. "Catalogus Omnium Missionariorum...." transcribed by Henri Cordier in *Revue de l'Extrême Orient,* vol. 2, 1883, pp. 58-71, from BL, Add MSS 26818, folio pp. 159-176.

Foucquet, Jean-Francois, Letter of 26 November 1702, Nan-Tchang-Fou [Nanchang fu], to Due de la Force, *Lettres édtfiantes et cuneuses.* Toulouse, 1810, vol. 17, pp. 73-128.

Chavagnac, Emeric de. Letter of 30 December 1701, Chotcheou, to Pére Ie Gobien. *Lettres édifiantes et curieuses.* Toulouse, 1810, vol. 17, pp. 63-73.
Constans, Martine. *L'Eglise Saint-Paul Saint-Louis de Paris.* Paris, 1977.

Cordier, Henri. "Documents inédits pour server à l'histoire ecclésiastique de l'extrême-orient," 1, "Correspondance du Père Foucquet avec Ie cardinal Gualterio," *Revue de l'Extrême* Orient, 1 (1882), 16-51.

Cordier, Henri. See RF.

Crow, Thomas E. *Painters and Public Life in Eighteenth-Century Paris.* New Haven, Yale University Press, 1985.

Curositez de Paris, Les, by "M.L.R.," rev. ed. 2 vols. Paris, 1742.

Darnton, Robert. *The Great Cat Massacre and OtherEpisodes in French Cul tural History.* New York, 1985.（中譯本：丹屯著，呂健忠譯，《貓大屠殺：法國文化史鉤沉》，台北，聯經出版社，2005）
Dehergne, Joseph. "Voyageurs chinois venus à Paris au temps de la marine à voile ..." *Monumenta Serica,* .23 (1964), 372-397.
Dehergne, Joseph. *Répertoire des Jésuites de Chine de 1552 á 1800,* Rome, 1973.（中譯本：榮振華著，耿昇譯，16-20世紀入華天主教傳教士列傳，廣西師範大學出版社，2010）

Delattre, Pierre. *Les établissements des Jésuites en France depuis quatre siècles.* 5 vols. Enghien, 1940-1957·

Dermigny, Louis. *La Chine et l'occident: le commerce á Canton au XVIIIe siècles 1719-1833.*4 vols. Paris, 1964.

BL, Add Mss 2.6816. British Library, London, folio pp. 144-150, "Lettre du P. Foucquet au P. de Goville Supérieur des Jésuites Francois á Canton, le 4 Août 1721." Folio pp. 151-186, Foucquet to Hervieu, Canton, 1 June 172.1. Folio pp. 189-206v, Foucquet reply to Goville and Goville's enclosure ref. Foucquet's hostility to Jesuits.
BL, Add Mss 2.6817. British Library, London, folio pp. 2.31-2.66, variant copy of Foucquet, *Récit Fidèle.*

Blond, Louis. *La maison professe des Jésuites de la Rue Saint-Antoine à Paris, 1580-1762.* Paris, 1956.

BN, MS Français 15195. *Bibliothèque Nationale,* Paris, "Lettres de Monsieur l'abbé Bignon," folio pp. 74-142..

BN, MS nouvelle Acq. Fr. 6556. *Bibliothèque Nationale,* Paris, "Lettres du P. Foucquet," folio pp. 103-115.

Bontinck, François. *La Lutte autour de la liturgie chinoise aux XVIIe et XVIIIe siècles.* Louvain, 1962.

Brice, Germain. *Nouvelle description de la ville de Paris et de tout ee qu'elle contient,* rev. ed. 4 vols. Paris, 1725.
Buffet, Henri-François, *Vie et société au Port-Louis, des origines à Napoléon III.* Rennes, 1972.
Campiglia, G. Oscar Oswaldo, *Igrejas do Brasil,* São Paulo, n.d.

Cassini Map. Freres Cassini, *Carte de la Franee,* 1789, sheet 6.

Chagniot, Jean. "Le Guet et la garde de Paris à la fin de l'ancien régime," *Revue d'Histoire moderne et contemporaine,* XX, 1973, 58-71.

Anon. *Histoire de la vie et du procès du fameux Louis-Dominique Cartouche.* Paris, 1833.

BAV, Borg Cin 467. *Bibliotheca Apostolica Vaticana,* Collection "Borgia Cinese," number 467. Pp. 1-116, transcript of Foucquet's *Récit Fiedéle.* Pp, 117-128, substantiating letters marked from A to N. Pp, 129-182, correspondence between Goville and Foucquet, Pp. 182-185, miscellaneous letters concerning Foucquet's books, and a copy of Treville's warning letter.

BAV, Borg Cin 51I. Miscellaneous materials in Chinese. Item 5 is a letter by Hu Ruowang to Foucquet, 1 sheet, 54 cm, X 23 cm.

BAV, Borg Lat 523. Collection "Borgia Latino," number 523. Folio pp. 84-85 contains Foucquet's "Breve Diario" of events in April-June 1723.

BAV, Borg Lat 565. Collection "Borgia Latino," number 565, material by Foucquet. Pp. 96-394V constitute Foucquet's Journal and Letterbook for the period May 172.1 (Canton) to September 1728 (Rome). The leaves also have page numbers in Chinese, from 3 to 550.

BAV, Borg Lat 566.906 folio pp. of Foucquet's personal papers, writings, and secretarial copies.

Bib. Ste. Geneviève, MS 1961. *Bibliothèque See. Genevieve,* Paris, Manuscript 1961 (Supplement H.f.4°), pp. 8-15. "Fouquet [sic], lettres sur la Chine. Ci-indus des copies des lettres écrites par lui ou à lui adressees, qui vont jusqu'en 1726."

BL, Add Mss 2.0583A. British Library, London, Store Street Depository. "Catalogue des livres Chinois apportés de la Chine par le père Foucquet Jésuite en l'année 1722.," 48 pp., folio pp. 1-25.

參考文獻

中文

方豪，《中西交通史》(上下冊)，上海人民出版社，2015
樊守義，《身見錄》，收錄於方豪編，《中西交通史》
《康熙朝漢文硃批奏摺彙編》，第8卷，1717至1722年，北京，檔案出版社，1985
《宮中檔雍正朝奏摺》(1726-1728)，卷6與卷7，台北，故宮博物院
《廣州府志》，台北，成文出版社，1966

西文

AAE. *Archives desAffiires Etrangeres* [Foreign Policy Archives], Paris, Quai d'Orsay. MD (Mémoires et Documents), Chine 12, Affaires Religieuses 1724-1866, folio pp. 6-83v, former Saint-Simon collection's version of Foucquet's *Récit Fidéle,*

AN, AJ2:94. *Archives Nationales*, Paris, file AJ2:84 (formerly listed as FF15:84). "Registre des Actes Capitulaires de ce couvent et hôpital de Notre Dame de la Paix de la Charité de Charenton Saint Maurice, ordre de Saint Jean De Dieu, 1719-1742."
AN, Y9423. *Archive sNationales,* Paris, Series Y, Salle Clisson, "Châtelet de Paris et prévôte d'Île-de-France," XIV, Chambre de Police, "Estat des Personnes" 15 Xbre 1722 and 26 Fevrier 1723.

18 埃羅與胡若望的鬧事行為，RF 547與549。

19 卡第納里，耶穌會神父以及胡若望動身離開的情節，RF 570。

第十一章　返鄉

1 船隊在10月下旬一同抵達，此事可由Gaubil的信中拼湊而出。當時他正焦急地等待著他前往北京執行任務所需的天文儀器和技術書籍，結果沒有等到。見Gaubil, ed. Simon, p.132（1726年11月6日信件的補注——等他收到消息，大概還需要2到4週的時間）；確認於p.133（1726年11月10日的信）；p.138頁（1726年11月21日的信）指稱剛收到了Souciet在1725年12月11日寫的信。關於西方船隻抵達的補充資料可從雍正宮中檔拾掇而得，但這類資料已不像康熙在位期間記載得那麼詳細。

2 Fioravanti在羅馬與傅聖澤見面，提到了蓋斯帕在教廷傳信部的教堂工作——「un fils déja grand qui se trouvait dans l'église du P. Perroni」，BAV, Borg Cin, 467, p.155。胡若望返鄉的其他資訊來自於潘如寫給傅聖澤的義大利文信件，廣州，1727年1月10日，BAV, Borg Cin, 467, pp.127-28，部分內容由傅聖澤譯為法文，RF 550-51，義大利文的引文（正確無誤）則在RF 565。最後幾行是我自己的想像，但潘如曾寫道：「胡若望在11月以那筆錢購置華服，並與家人一同動身返鄉。」潘如另外還寫道：「在我們房門底下的街道上，那名中國人講述著他的歐洲之旅，以及他歷盡艱辛又沒有領得薪酬的遭遇。」，BAV, Borg Cin, 467, p.128）。

這項資料，必須歸功於Witek, p.264, n.32)。在BAV, Borg Cin ,467, p.170，戈維理對胡若望信件的注記雖然沒有標注日期，傳聖澤卻指稱(同前，p.171)那封信寫於10月30日。戈維理如果在10月15日前就取得這封信，必然會附在他於15日寄給傅聖澤的信中。

12 筆者翻譯概述傅聖澤的這封信件，收錄於《真實敘述》附錄中他與戈維理往來的一批信件當中，BAV, Borg Cin, 467, p.170-82。他指稱胡若望的信件為「以中文字亂塗亂寫」、「胡說八道」，兩者都可見於p.171，而且是「瘋言瘋語」，p.176頁。傅聖澤與戈維理的書信往來在此結束，接下來並未見到戈維理(或胡若望)的回信。

13 關於埃羅的個性，見Williams, *Police of Paris*，全書各處均有描寫，以及pp.299-300。1726年，埃羅積極促成伏爾泰從巴士底監獄獲釋——見Voltaire, *Correspondence*, ed. Besterman, I, pp.280-98。

14 埃羅處理胡若望案件的細節可能記載於夏特萊(Châtelet)警察檔案裡，但我沒有找到。我依照RF 547而把這段內容的時間列為12月5日，其消息在12月14日(約莫)傳至羅馬。

15 關於埃羅的其他資料來自RF 547，傅聖澤認為埃羅的舉措與戈維理的探訪有關，當然，部分傳言也可能來自教廷大使或巴羅齊，RF 549與570。

16 卡第納里明確指稱800法郎(利弗爾)的數額是教廷大使提出的，RF 570。傅聖澤稱之為埃羅的「一大筆施捨」，RF 549，565。潘如認為這筆錢直接由國王撥給奧斯坦德船隻的船長，暫替胡若望保管。BAV, Borg Cin, 467, p.127。

17 布魯塞爾與史賓奈利，RF 571。

10 這一部分的資料主要來自戈維理與傅聖澤之間饒富興味的書信往來。此處參考的信件全部收錄於BAV, Borg Cin, 467, pp.129-82。詳列如下：

第129至131頁。戈維理寫給傅聖澤的信，1724年7月25日，提及蒙塔格號。

第132至135頁。傅聖澤寫給戈維理的信，羅馬，1724年9月29至30日。

第136至140頁。戈維理寫給傅聖澤的信，巴黎，1724年11月5日。

第140至142頁。傅聖澤寫給戈維理的信，羅馬，1724年12月7日。

第142至149頁。傅聖澤寫給戈維理的信，羅馬，1724年12月20日。

第150至153頁。戈維理寫給傅聖澤的信，巴黎，1724年11月22日。

第153至165頁。傅聖澤寫給戈維理的信，羅馬，1725年1月2日。

第165至169頁。戈維理寫給傅聖澤的信，巴黎，1725年10月15日。

第170頁。戈維理寫給傅聖澤的信，附上胡若望的信（巴黎，1725年10月30日）。

第170至180頁。傅聖澤寫給戈維理的信，羅馬，1725年11月15日。

傅聖澤以相當篇幅為戈維理的1725年10月15日信件摘述大綱，收錄於RF 540-47，其中可見到許多扭曲和省略。

11 筆者在此處的翻譯絕對算不上精確，因為手稿本身的文字頗為模糊不清，又有不少破損處。「老伯爾」一詞係胡若望對教宗的稱呼，傅聖澤在BAV, Borg Cin, 467, p.176指出了這一點。我把「高漢人」譯為「a tall Chinese」（高大的中國人），但實際上也可能是指「姓高的中國人」。胡若望這封信原以墨水寫成，現已褪色成紅褐色；他使用的羽毛筆顯然相當細，寫於一張寬54公分、高23公分的草紙上。這份手稿保存於梵蒂岡圖書館的零散中國文件，BAV, Borg Cin, 511, no. 5（我之所以找得到返回家鄉。傅聖澤認為那名越北人的法語和中文都不太流利，但足以應付這兩種語言的簡單對話，RF 535。

3 傅聖澤對教廷大使的回信日期在RF 536誤植為9月12日。9月2日的正確日期可見於BL, Add MSS 26817, p.256。

4 傅聖澤在1725年3月25日就職為主教，見RF 535。對於耶穌會士的此一職位與教規，見Witek, p277-281。關於厄勞忒勞城這個教區，同前，p.278，n. 79。

5 傅聖澤向樞機主教提交的陳情書並未收錄在RF，但其法文版本完整收錄於BL, Add MSS 26817，是額外插入的一頁。1725年8月31日的日期，註明於義大利文的原文本，收錄為文件附錄的附件I，BAV, Borg Cin, 467, pp.123-24，傅聖澤在其中把胡若望的姓名寫為「Giovanni Hu」。

6 傅聖澤似乎一時誤解了教廷大使認為他應負擔胡若望從廣州返家的旅費的說法，以為教廷大使要求他支付胡若望從夏宏通到中國的旅費——「pour l'envoier au lieu de l'embarquement」(BL, loc. Cit., p.257 v)。根據傅聖澤自己抄寫於RF 534的抄本，教廷大使所寫的其實是「pour le conduire du port chez lui」。

7 教廷大使的回信以及沒有開往中國的船班一事，見RF 538。義大利文的原文版本收錄於BAV, Borg Cin, 467, pp.125-26，附錄L。

8 關於這段時期的背景，見Witek(戈維理與傅聖澤的聯絡記載於索引，p.486)。關於歐洲殺人案，Morse, I, pp.174-75。Rosso, Bontinck, Mungello, Pfister與Dehergne(見書目)全都提供了有用的資料。

9 關於雍正在位期間關閉廣州天主教教堂，見《廣州府志》，第87卷，p.2的簡短記載。

改建了一座他心目中的「模範醫院」。病房裡破損的玻璃，AN, AJ2: 84，1722年2月2日，第6條。關於同時代其他瘋人院的分析與圖示，見Grace Goldin, . *"Housing the Insane: A History,"* Medical and Health An¬nual; Encyclopaedia Britannica。

40 這段時間止於教廷大使的第二次探訪，而且帶著巴羅齊神父同行。1724年是閏年，所以多了一天。

41 撕碎被子一事，RF 536；巴羅齊在1725年親自向傅聖澤告知這項舉動，一如傅聖澤在1725年11月15日寫給戈維理的信件附筆中所示，BAV, Borg Cin, 467, p.181。

第十章　獲釋

1 越北人通譯、巴羅齊與教廷大使，RF 534-35。胡若望對於那件被子的回應，RF 536。傅聖澤提到那名越北人膚色黝黑——「bazané」——就像胡若望一樣，而且相貌也幾乎和他一樣醜陋。我認為這場會面的時間是8月10日，原因是教廷大使在8月13日寫給傅聖澤的信裡指稱他「最近」見到胡若望。根據當時的用語習慣，他見到胡若望如果是三天以前的事，他就一定會指明日期，如果不到三天前，也一定會註明是「昨天」或「前天」。不過，信件內文並未指明日期。關於胡若望仍然聽不懂教廷大使的話，見BAV, Borg Cin, 467, p.170。

2 那名越北人和巴羅齊在那年稍晚前往羅馬之後，傅聖澤即認識了他們。他對那名越北人的評語非常正面——認為他與胡若望形成強烈對比——因為他讓巴羅齊相當開心，還成為教士，並且以傳教士的身分鞋子，1724年12月23日的章節；澡堂，Esquirol, p.546。

33 傅聖澤聽聞胡若望沒有「換洗衣物」而深感震驚，RF 534。胡若望的服裝細節來自卡第納里，RF 571，而且他的記載應該相當精確，因為他可能幫胡若望打包了行李。貝恩斯談及希望協助胡若望，RF 527，1723年5月10日的信。

34 院長與聖餐禮，BAV, Borg Cin, 467, p.165，戈維理在1725年10月15日寫的信。這名院長應該是圖潘，選出於1723年5月21日，見該日的章節，AN, AJ2: 84。

35 羅塔，胡若望「revenu de toutes ses extravagances」，RF 531。卡第納里，胡若望「quasi enragé」，RF 533。貝恩斯把所有錢花在旅費上，RF 534。

36 教廷大使的告誡可見於他在1723年10月11日與1723年12月13日所寫的信（RF 530-31, 533）。胡若望後來向戈維理確認他和教廷大使完全聽不懂對方說的話—「sans pouvoir se faire entendre l'un à l'autre」—BAV, Borg Cin, 467, p.170，1725年10月30日的信。

37 阿尚松的禁令沒有明確的理由——也許只是祕密逮捕令的例行程序——但卡第納里在1723年7月19日的信件裡提及這道禁令（RF 527-28）:「如果沒有阿尚松先生的許可，任何人都不得與胡若望談話。」

38 尋找通譯，RF 533。夏德修神父在這段期間曾身在巴黎（Dehergne, no.592，以及聖潔內薇也芙圖書館，MS 1961, p.8 v，黎涅爾斯在1722年10月10日寫給傅聖澤的信）。不過，他只在澳門和中國待了四年，而且其中有些時間還遭到逮捕，所以中文能力大概不足以擔任翻譯。

39 關於醫院病房的詳細資料可見於Esquirol, p544-548，而且是基於他在19世紀於該醫院擔任主任醫師的親眼觀察。後來那座醫院即遭到拆除，

世在位期間，以及《上議院主要文書彙編》(*The Main Papers of the House of Lords*)。關於這件案子的概要，見Fraser, pp.298-310。這本書在結論中指稱這兩名無辜的孩子在1699年之後「就從史頁上消失了」(p.308)；而傅聖澤提及的線索正為這則事件提供一項引人好奇的後續發展。這個奇特的故事在後來又演變得更加複雜，原因是路特蘭伯爵在1684年1月23日正式收養一名「瘋子」，是他的好友佛特斯鳩爵士（John Fortescue）身後留下的孤兒。

28 貝恩斯對於40法郎的說法（quatre pistoles），RF 527。傅聖澤論杜布瓦，RF 550。警察總監埃羅對於無人付款的陳述，RF 547。卡第納里提及胡若望受到的照顧「完全沒有付費」，RF 532。貧窮病患的服務人員（勒孔特的繼任者？）在1725年底也向戈維理說了同樣的話。BAV, Borg Cin, 467, p170。

29 傅聖澤、樞機主教以及教廷大使對於命令的解讀，RF 529-33；教廷大使的引文，p.531；教廷大使探訪的日期推定為1723年10月21日星期四，RF 532。傅聖澤在後來懊惱地發現貝恩斯把錢花在往返夏宏通的旅費上，而不是胡若望身上，RF 534。

30 慈善兄弟會成員這些輕微的出軌行為記載於AN, AJ2: 84，1722年2月2日（items 10, 11）；1724年12月23日（items 7, 8）以及1726年7月7日等章節各處，其中提及服裝、懷錶、鼻煙盒，以及在鄉間遊蕩。

31 勒孔特在1724年12月3日因「不被信任」而遭到投票去職（該日期的章節，AN，AJ2: 84)，但繼任者尚未覓得。

32「羞辱與痛苦」是戈維理的話，BAV, Borg Cin, 467, p.170，1725年10月30日寫的信。富有病患的若干享受：診療所，1722年2月2日的章節；

22 銀行匯票與兌換票據可見於1720年8月25日、1721年5月14日及1721年6月24日等章節。

23 關於參福瑞家族的安排，AN, AJ2: 84，1719年11月5日的章節。尚・巴蒂斯特・參福瑞同意支付每年300利弗爾的一般開銷與150利弗爾的餐飲及治裝費，而且全部以現金支付。

24 侯必亞，AN, AJ2: 84，1721年6月24日的章節。這樣的例子當然可由壽命短促的病患獲得彌補，例如Guillaume Seguiry——AN, AJ2: 84，1720年4月25日、1720年8月25日、1721年4月6日——送進醫院後只活不到一年。在這個案例中，慈善兄弟會還退了一些錢給病患的遺孀。額外費用列於1719年11月5日、1720年4月25日與1720年8月25日等章節裡。

25 年費費率和飲食品質的關係，AN, AJ2: 84，1724年12月23日的章節。

26 雷文涅的外套，AN, AJ2: 84，1725年8月26日。我猜測這件外套應有繡花——根據雷文涅的身分地位，那件外套可能是某種宮廷禮服。

27 院長、貝恩斯與馬納斯家族，RF 526-27。傅聖澤將馬納斯的姓氏拼寫為「Mannours」，弟弟的爵位則寫為「伯爵」。實際是，路特蘭爵位原是伯爵，後改為公爵，傅聖澤所謂的「Mannours」必然是指Charles或John Mannours，因為魯斯勛爵（Lord Roos）——後來的路特蘭伯爵，也是第一位路特蘭公爵——和第一任夫人安妮・皮埃彭特（Anne Pierrepont）在1666至1670年間鬧了一場轟轟烈烈的離婚暨外遇案，以致這兩個兒子遭到國會法案宣告為私生子。若要闡明這件迂迴曲折的案子，恐怕需要好幾本書的篇幅。基本資料來源在《國家文書彙編》（*Calendar of State Papers*），國內系列，查理二世、詹姆士二世與威廉三

16 夏宏通的協議，同前，1725年10月25日的章節；勞希葉的官司戰，1721年3月5日的章節。Esquirol, p.549也提及他們與勞希葉的長期紛爭。

17 小卡赫，1725年2月18日的章節，以及侯必亞家族，1721年6月24日與1724年8月10日的章節。其中最大筆的不動產購買——以五萬利弗爾向費里埃（Ferrière）伯爵買下聖安東路16號的宅邸，結果導致無窮無盡的財務與現實問題——可追溯於1724年6月5日、1724年7月6日、1724年8月7日、1724年8月10日與1725年12月19日等章節裡。

18 院長探訪，1722年2月2日的章節，第5條，「目的在於撫慰病患以及瞭解他們的狀況」。Esquirol，p.551，誤以為這種探訪是一週一次。

19 建築物的歷史，Esquirol，pp.541-542；醫院的描述，Esquirol，p.547。AN, AJ2: 87的條目「Chronologie de faits intéressant l'histoire de l'hospice de Charenton, de 1646 à 1717」（夏宏通醫院歷史事件年表，1646至1717年），雖然標題看起來相當吸引人，內容卻只有一小頁，只記載了1641年的許可證、1717年的證照更新、1676年舉行的祈禱式，以及1679年的禮拜堂捐贈儀式；除了日期之外，僅有簡短的評論。

20 退休人士與慈善兄弟會成員住在同一棟宿舍裡，以及撞球室，Esquirol, p.548。進入花園的特別通行權，p.547。關於薩德侯爵被監禁在夏宏通醫院期間所享有的各種令人驚訝的樂趣，見Lely, pp.595-605; Peter Weiss, *Marat-Sade*。

21 入住夏宏通醫院的費用：一般數字，Esquirol, p.553。細節見 *"Registres des actes Capitulaires (1719-1742)"*, AN, AJ2: 84，1719年11月5日、1720年4月25日與1720年8月25日等章節，全都支付六千利弗爾的款項。蒙彼利埃精神病院的類似費用可見於Jones, *Charity*, pp.58-59。

12 關於新找到的中國人助手，見傅聖澤本身抄寫卡第納里在1723年7月19日所寫的信，收錄於RF 527：「您找到了一名年輕的中國人，將取代那個待在夏宏通的不幸之人。」只可惜，傅聖澤自己描述這名中國助手的信件沒有保存下來。這名年輕的中國人是誰呢？他很有可能是樞機主教嘉樂的隨行人員，跟著嘉樂在1723年5月來到羅馬，比傅聖澤早了一個月（見Witek, p266）。傅聖澤在1725年1月2日於盛怒之下寫給戈維理的那封信件裡，特別提到有七個人都帶了中國人到歐洲來，其中之一就是嘉樂。另外六人分別為洪若翰、艾若瑟、伯納德、張安多、馬國賢與梁弘仁。BAV, Borg Cin, 467, p.157。（艾若瑟帶了樊守義；梁弘仁比他早了幾年帶著黃嘉略來歐；馬國賢帶了四名中國人到那不勒斯向一名中國老師學習，但這應是晚了一年的事情。馬國賢與傅聖澤確實在1724年於羅馬會面，BAV, Borg Cin, 467, p.131, 143。）

13 三千法郎的「稅」，AN, AJ2: 84，1722年2月2日的章節，第12條。對缺乏資金的機構捐輸，同前，1720年1月4日、1721年4月6日、1721年12月8日、1722年6月28日、1723年2月14日及1723年9月5日等章節。家具和銀器，1725年8月26日。

14 漏水與包商問題，同前，1721年3月5日與1720年8月8日的章節。貯水槽與泵浦，同前，1722年2月2日的章節，第6條，以及1723年2月14日。土地與不動產交易，1719年11月3日、1720年4月25日與1723年10月24日等章節。關於這些題目的其他數十項資料來源，見AN與AJ2的完整目錄，Favier，pp.496-97。

15 關於葡萄樹、樹木與糞肥的描述，見AN, AJ2: 84，1721年12月8日、1723年7月6日、1723年10月24日與1725年6月3日等章節。

4 傅聖澤針對這趟旅程寫下的兩頁記述保存於BAV, Borg Lat, 523, pp.84 v-85 v，正如Witek, p265, n.36所示。這主要是一份支出費用的清單，字跡很潦草，非常難以閱讀，其中也注記了給予貝恩斯的100法郎。傅聖澤的姐姐，嫁給阿瓦雍領主Antoine Guillaume d'Orbigny，見Witek, p77。

5 傅聖澤覲見教宗，RF 528；Witek, p266, n.39。英諾森十三世在不久之後去世。

6 與樞機主教會面以及陳情的計畫，RF 528-29。

7 擔憂貝恩斯，RF 528；對於卡第納里指稱胡若望可能被趕出醫院而憂心忡忡，RF 529。「Giovanni Hu」，BAV, Borg Cin, 467, pp.120-21，附錄F，給予樞機主教的信件係以義大利文寫成，傅聖澤本身翻譯的法文譯本收錄於RF。傅聖澤在此處把胡若望的義文名字簡寫為「Gio Hu」，全稱為「Giovanni」，BAV, Borg Cin, 467, pp. 123-24，附錄I。

8 傅聖澤不寫信給胡若望。他在寫給戈維理的信件附筆中，對此提出了一項毫無說服力的藉口，BAV, Borg Cin, 467, p.181。

9 關於傅聖澤這段時間在羅馬的生活，以及嘉樂的問題，見Witek, pp266-274頁。樞機主教在8月16日調查傅聖澤與嘉樂的往來，資料皆保存在收藏於大英圖書館的詳盡文件："Risposte date dal. P. Gio. Francesco Foucquet", BL, Add MSS 26817, pp.179-89。

10 書籍遭到沒收，Witek, p.259, n.21。最後一批書籍直到杜布瓦於1723年8月去世之後才被釋出。這批書於11月運抵羅馬——Witek, p284, n.89。

11 關於傅聖澤與黎涅爾斯的衝突，見聖潔內薇也芙圖書館，MS 1961, pp.10-15 v; quotations, pp.11 v, 15，1723年6月29日與7月27日的信。

「我對你提到的手銬毫不知情，但他們用上手銬一定有充分的理由。」（BAV, Borg Cin, 467, pp.176-77）。

23 桑斯公館到聖安托萬門的街道，Brice, I，第1頁對面的折頁地圖。

第九章　囚禁

1 建築物、庭院的形狀，詳見Jean-Étienne Dominique Esquirol描述的精神病院平面圖，plate xxvii。我當初會讀到Esquirol，是因為傅柯那部傑出的研究著作《瘋狂與文明》（*Madness and Civilization*）。見他對夏宏通以及早期對精神病患治療方式的描述，pp.42-43、69-72。Mercier, p.36，其中談及慈善兄弟會如何背棄他們的志業，收容那些被祕密逮捕令指為精神病患的人士，而因此淪為獄卒。關於夏宏通的概述，見Marcel Gauchet and Gladys Swain, *La pratique*。關於Esquirol扮演的角色，詳見P. Sevestre, "Eloge de la maison de Charenton"。關於當時蒙彼利埃（Montpellier）治療精神病患的駭人方法，見Colin Jones, *Charity and Bienfaisance*, pp.56-59。

2 慈善兄弟會在1723年8月14日的會議中討論了臭味的問題：「宿舍公共區域和上方的惡臭可能是疾病的徵兆。」AN, AJ2:84，同日期的章節。公廁修繕討論於1722年2月2日的會議，但沒有證據顯示後來是否完成修繕工作。AN, AJ2:84，1722年2月2日，item 6。關於這些庭院衛生欠佳的狀況——「格局不良，不利於空氣流通」——見Esquirol, p.545。

3 胡若望與床墊，RF 527。根據貝恩斯轉述，院長說胡若望「總是靜靜躺在床上，但也必須帶著床墊到庭院裡透透氣」。

把夏宏通之旅的出發場合記成了這一次。胡若望幾乎可以確定是被鎖在房裡，見貝恩斯，RF 526。另見卡第納里向傅聖澤說的話——「我望著閣下離開」——意指自己若是能夠，就會隨他同行，RF 523。這點與貝恩斯的陳述相悖，RF 526：亦即卡第納里直到當天早上五點才到貝恩斯的住家與他會面。

18 這一百法郎是供未來開銷使用，而不是補貼過去的支出。貝恩斯在先前為胡若望的支出已由「食宿費」全額償付，RF 422。收據保留於 BAV, Borg Cin, 467, p.119，是傅聖澤《真實敘述》附錄裡的附件 C。收據內容為：「本人收悉傅聖澤神父交付一百利弗爾，以供支應該名中國人在巴黎生活所需，1723年4月12日」。傅聖澤在邊注中指出這份收據由貝恩斯自行書寫。另外，傅聖澤也在 BAV, Borg Cin, 467, p.176（1725年11月15日寫給戈維理的信）確認了貝恩斯在馬車旁寫下這份收據。

19 關於傅聖澤把胡若望的座位安排在馬車的「後方」，見 RF 394。

20 貝恩斯的陳述，RF 526-27。卡第納里的陳述，包括胡若望遭到捆綁，RF 523-24, 569-70（後者把數則事件濃縮在一起）。教廷大使的陳述，RF 525。

21 杜布瓦扮演的角色可由1726年2月11日的匿名信得到確認，傅聖澤接下來的評論，RF 550。祕密逮捕令是法國大革命以前的舊體制中極為惡名昭彰的制度，相關研究非常多。關於警察總監與國務卿在此一制度中的行事程序，見 Williams, p.42。關於祕密逮捕令制度濫權關押人犯於夏宏通，見 Mercier, pp.35-37。

22 夏宏通醫院院長向戈維理提及手銬這項重要細節，BAV, Borg Cin, 467, p.165：「那名中國人銬著手銬被送來此地」。傅聖澤的回應相當冷淡：

樞機主教薩克里潘特的信件獲得證實，BAV, Borg Cin, 467, p.119，附件D（儘管該處因筆誤而將日期寫為1728年4月5日）。經過翻譯的法文版本收錄於RF 524。4月8日的日期來自RF 418——「三天後應該就可動身」。

10 這些細節都記載於RF 418-19。傅聖澤寫道：「好說歹說，無論如何都動搖不了他那冥頑不靈的死腦袋。」，RF 418。

11 關於胡若望認為傅聖澤可能殺過人——他暗示這項認知來自一名「上司」，可能是蓋拉德神父——見他在1725年10月寫的信。

12 驅逐胡若望，RF 419。傅聖澤指出：「還有其他人也在場。」但沒有說這些人是誰，也沒有說明他們為何在場：他說現場有「兩、三名」耶穌會士和「三、四名彪形大漢」，我都取其中比較小的數字。我猜那些僕人是發願者之家的人員。

13 客棧，RF 420。卡第納里在證詞中提及桑斯公館的名稱，RF 570。桑斯公館做為駛向里昂的馬車的出發點，見*Curiositez*, 337。卡第納里的證詞在1730年3月27日寫於巴黎，對於這則故事是重要的補充資料。他的陳述全都坦率真誠，回憶也相當精確，但由於是在七年後寫就，因此他把分別發生在三天——11日、12日與15日——的事件全都記成發生在傅聖澤出發當天。這一部分的故事明顯是指11日發生的事情。

14 寫給阿尚松的信，RF 420-21。本書所錄為筆者翻譯的譯本。

15 傅聖澤打包行李，RF 420：「必須打包一些尚未整理好的書本和衣服。」

16 傅聖澤提及自己的出發與送行人士，RF 421。傅聖澤所謂的「名叫Smihson的英國人」可能是指貝恩斯提到的「史密斯弟兄」，RF 527。

17 如同先前所述，卡第納里在RF 569-70的陳述似乎有些搞混了事實，而

第八章　前往夏宏通的路上

1 傅聖澤說胡若望的房間「位於聖路易教堂其中一道聖壇隔屏的角落」，見RF 416；關於家具描述，見RF 419；教廷大使的監督官卡第納里稱之為「教堂聖壇隔屏旁的一個小空間」，RF 569。

2 關於教堂，見Constans, *L'Eglise*; Blond, *Maison Professe*。關於畫作，Wilhelm, *Au Marais*, p.112。聖路易教堂的大幅畫作仍有三幅懸掛於耳堂。

3 蓋拉德的許可，RF 417。

4 傅聖澤在3月22日與28日所寫的信件並未列在Witek, Bibliography, p.381，而且可能已經佚失。不過，他確實曾在這兩天寫信，而且也可拼湊出部分內容，見BN, MS Français 15195, p.104，比尼昂寫給傅爾蒙的信；以及BN, MS Français 15195, p. 104 v，比尼昂寫給修道院院長Targny的信，兩封信都寫於1723年3月31日。另見Omont, p.817, n. 1。不過，Omont, p.816把比尼昂寫給傅聖澤的信誤植為傅聖澤寫給比尼昂。傅聖澤談及第一批送往馬賽的書，RF 417。

5 胡若望出外遊蕩一事，見RF 416-17。他和18世紀初的巴黎街道種種光怪陸離的景象堪稱相得益彰。關於當時的巴黎景象，見Robert Isherwood，"Entertainment"與Thomas Crow, *Painters*, pp.45-54。

6 再次要求胡若望從事抄寫工作，RF 416。

7 試圖搶奪合約，RF 536，雖然沒有標明日期，但與傅聖澤這些陳述的情境完全吻合。

8 行程準備，RF 417-18。

9 書籍運往馬賽之事，可由教廷大使在1723年4月5日以義大利文寫給

5 傅聖澤為胡若望找尋住處，RF 409, 415。

6 通譯與天意，RF 410-11；那名通譯隨著多羅到中國事奉的細節雖未記載於RF，卻可見於BL, Add MSS 26817, p.244。

7 傅聖澤在RF中憶及這幾天而不禁激動不已，因此批評胡若望的言語非常激烈，指稱「那個中國人醜陋無比」(p.410)，而且「天底下沒有比他更令人望之生厭的人」(p.411)。胡若望撕碎信件一事，見RF 413，葛拉曼在3月13日指稱這件事「發生至今已有15天」。

8 葛拉曼寫給傅聖澤的信，1723年3月8日，RF 412。本書所錄為筆者翻譯的譯本。

9 胡若望溫順的敬拜舉動或是在教堂裡戴著帽子，RF 413。在BL, Add MSS 26817, p.265的邊注裡(沒有出現在RF)，傅聖澤再次提起胡若望在奧爾良的室內戴帽的舉動，並指出這種行為在中國禮儀當中的重要性。

10 胡若望仰望月亮，RF 415。

11 傅聖澤寄信請葛拉曼轉知胡若望，RF 411-12；請求葛拉曼說服胡若望，RF 413-14。胡若望的回應，RF 415。

12 葛拉曼在1723年3月16日詳細記述胡若望離開的過程，RF 414。翻印的RF似乎暗示3月16日的這張票要價12法郎(利弗爾)；但這個數字指的其實是兩次從奧爾良到巴黎的旅費總和，傅聖澤在BL, Add MSS 26817, p.246的邊注說明了這一點。

年10月4日）；尤其是p.97（1722年11月3日）。P.101頁的信件（1723年3月25日）寫於胡若望失蹤的一個月後，內容更是露骨：「你一定要把他（傅聖澤）的信件保存下來，將來我才能藉此向他要求那些書。」關於傅爾蒙，見Lundbaek, *T. S. Bayer*, pp.87-90, 104-06。

31 RF 406-407，阿尚松在2月23日寫信給傅聖澤，指稱已向杜瓦下令，但傅聖澤與阿尚松在這次似乎都不焦急。關於杜瓦的經歷，見Williams, pp.71-72，以及他對督察的整體討論，p.95（p.101表列了督察的各項職責，但僅是就1750年之後而言）。Chagniot, "Le Guet", pp.59-60，其中提到杜瓦的職業生涯極為順利。關於守望巡邏隊在2月下旬的活動，見《信使報》，1723年2月，尤其是p.379與pp.382-390。

32 此處提到的人物以及其他被捕並且提出於「警察檢討大會」的人犯，都記載於AN Y9423, "Estat des Personnes"，1723年2月26日（11 pp.）。學校教師Claude Arme在太太具結之後獲釋，因為她證明了他的納稅人身分，記載於p.2。揮舞刀子的十一歲男孩Pierre Laisne記載於p.6-7。可惜這個條目的記載並不完全。吉勒斯・雷諾瓦記載於p.2——「他精神不正常」。

第七章　奧爾良

1 葛拉曼的信完整抄錄於RF, 407-08。本書所錄為筆者翻譯的譯本。

2 胡若望的不耐，RF 409。

3 傅聖澤寫的中文信，RF 410。

4 傅聖澤向阿尚松道歉，RF 408。

25 胡若望的告解，RF 404。關於耶穌會的禁令與黎涅爾斯，見Delattre, III, pp.1217-1218, 1276。

26 胡若望的小鼓和旗幟，RF 403。聖保羅舊教堂在1799年拆除，但有一幅版畫翻印於Constans, *L'Eglise*, illus. no.4。胡若望的行為正合乎B. R. Kreiser在*Miracles, Convulsions and Ecclesiastical Politics*一書中生動描寫的宗教狂喜與在狂喜狀態下演說或呼喊的現象。關於1730年代熱情奔放的巴黎青年，見丹屯（Robert Darnton）的傑出論文：〈工人暴動〉（Workers Revolt），收錄於他的著作《貓大屠殺：法國文化史鉤沉》（*Great Cat Massacre*）。

27 黎涅爾斯向攝政王奧爾良公爵的母親致敬而舉辦的禮拜吸引了上流社會的群眾，可見於《信使報》，1723年1月，p.192。

28 傅聖澤的用詞突顯了他認為沒收小鼓與旗幟的行為乃是一項鬼鬼祟祟的舉動：「胡若望的旗子與鼓被偷偷取走。」RF 403。關於凡爾賽的敏感交涉，見Witek, p.259。

29 天氣與胡若望的失蹤事件，RF 406，其中指稱胡若望離開的日期是2月12或13日。在BL, Add MSS 26817, p.241 v，傅聖澤將日期更正為「14或15日」。

30 阿尚松在2月2日針對書籍事宜寫了一份短箋給傅聖澤，指稱書籍在上週三送達（即1月27日），《真實敘述》在BL, Add MSS 26817, p.241 v添加了這一點的邊注，但這份短箋沒有收錄在RF。針對書籍而從事的其他協商，Witek, p.259頁；p.283-284, n.89的長篇討論稍微搞混了原本那幾箱書的問題。比尼昂的策謀記載於他寫給傅爾蒙的那些措詞強硬的信件裡，見BN, MS Français 15195，p.84（1722年9月25日）；p.95（1722

18 教廷大使在10月9日抵達巴黎，《信使報》，1722年10月，p.156。初次接見，《信使報》，1722年11月，p.189。

19 胡若望夢及母親去世，RF 402。胡若望的哀痛表現極為引人側目，戈維理在兩年後抵達巴黎還隨即聽聞了這件事情，BAV, Borg Cin, 467, p.168，憶述於戈維理1725年10月15日的信。

20 房間以及房門遭到破壞，RF 402-03。在RF 569，卡第納里提出了令人訝異的說法，指稱胡若望「想毆打主人的女兒」，以致貝恩斯「不得不以鞭子威嚇及抽打他，把他鎖在房裡，還得緊盯著他」。

21 彌撒與聖器收藏室的事件，RF 401。聖路易教堂附屬於發願者之家，許多資料都提及其華麗宏偉。Constans, *L'Eglise Saint-Paul Saint-Louis de Paris*，收錄有精美插圖。另見Brice, II, pp.170-86，其中對教堂正面評價甚高，以及*Curiositez*, I, pp.307-312; Blond, pp.64-71。

22 筆者在1986年親自走訪聖器收藏室，注意到其拼花地板似乎仍是17世紀的原始鋪飾，而且地板上的花樣的確呈現出一個個的十字架——如果觀者願意這麼看的話——原因是每一片方形木板都環繞著不同長度的細長木條，因此就視覺效果而言，確實可以把拼花地板的每一塊中央方塊看成一個大十字架，旁邊伴隨兩個較小的十字架，就如當初耶穌受難處的那三具十字架。

23 豐盛的餐點與胡若望的乞討行為，RF 402-03。在RF 402一段尖酸刻薄的評語中，傅聖澤指稱胡若望在貝恩斯家的飲食確實比在中國來得好，因為中國一般人的飲食乃是「加水烹煮的稻米、粗茶與蔬菜，並以臭油調味」。

24 運往盧昂的書，RF 405。

初就會從路易港直接前往羅馬。關於瘟疫警報的正式取消，相關細節可見於《信使報》，1722年7月，p.176、p.206以及1722年9月，pp.52-64、114-118。

8 奧瑞神父的協助，RF 398-99。

9 胡若望外出與失蹤，RF 398-99。

10 阿尚松的住處，*Curiositez*, I, p.304; Brice, I，第一頁對頁的地圖，40號建築物。

11 關於卡杜什幫派分子遭到逮捕的記錄，見《信使報》，1722年6月，p.140；1722年7月，pp.185-191；1722年8月，pp.220-223；以及1722年9月，p.192。Williams, *Police of Paris*, pp.66-84，詳盡介紹了巴黎的守望制度，令筆者獲益良多。不過，此處描寫守望巡邏隊的活動，和他的結論中指稱守望巡邏隊在18世紀初已不再活躍的說法似乎相互矛盾：Williams, p.70。*Curiositez*, I, pp.374-75也簡短提及守望巡邏隊，該組織在18世紀的廣泛職責也分析於Jean Chagniot, "Le Guet et la garde"。

12 薩伊昂伯爵驚人的賭注，以及守望巡邏隊與卡西尼扮演的角色，《信使報》，1722年8月，pp.197-199。

13 威尼斯的使節與守望巡邏隊，《信使報》，1722年9月，p.186。

14 胡若望被人尋回一事，RF 398。

15 這份清單參考自警察總監阿尚松的「警察檢討大會」，1722年12月15日星期二，AN Y 9423。警察檢討大會每個月舉行一至二次，Williams, pp.28-36，這些遭到逮捕的人士應該都是在11月下旬被捕。

16 教廷大使的回信，RF 399。他希望親眼見胡若望的理由，RF 400。

17 教廷大使接見，RF 400-01。

第六章　巴黎

1 胡若望對巴黎的喜愛，RF 398。法國國王的第一場聖餐禮與耶穌會舉辦的芭蕾演出，《信使報》，1722年8月，pp.201-03、164。11月5至10日的煙火施放，《信使報》，1722年11月，pp.109-22。

2 關於貝恩斯及其女兒，RF 397, 402，以及卡第納里的證詞，RF 569。餐飲品質比最低標準高出二十蘇以及房間大小，RF 402。

3 杜赫德持平看待胡若望的問題，可見於他在10月30日與11月1日所寫的兩封信，RF 396-97。

4 發願者之家的基本資料來源為Delattre, III, cols.1259-1287。Brice, II, pp.183-87，簡要描述了發願者之家及其圖書館，pp.192-93描述了噴泉。其他細節主要參考自Blond, pp.24-53, 77-89, 96-97。教堂的昔日盛況生動描寫於Wilhelm, pp.109-26。珍稀收藏品羅列的描寫，Wilhelm, p.115。

5 關於胡若望在巴黎瑪黑區可輕易步行抵達而看到的各個面向，*Curiositez de Paris*, I, p.331描述了盧維埃島的市場與一場要價8索爾（sol）的「槌球」遊戲；p.341描述了聖保羅港的河上市場與公共客船；p.321與p.324描述聖安東門與十字弓射擊場；p.324描述夏宏通路的景觀。聖安東門另見Brice, II, p.233；夏宏通道路見p.241。

6 杜赫德與夏德修的談話記載於Witek, p261-262。這些談話的日期無法確知，但似乎始於胡若望得罪教廷大使之前，否則傅聖澤的態度應該會保留得多。見他對於自身微妙立場的闡述，RF 404。

7 傅聖澤的旅行計畫記載於RF 405。他說自己在11月4日身在巴黎之時就已開始構思自己的旅程。實際上，他的書要是能夠及早通關，他當

23 杜布瓦寫給黎涅爾斯的信，未標記日期，內容提及木箱與阿尚松，聖潔內薇也芙圖書館，MS 1961, p.9 v。

24 傅聖澤對羅亞爾河谷路徑的偏好，BN, MS Nouv. Acq. Fr. 6556, p.110 v。

25 黎涅爾斯對於如何處理胡若望的提議，聖潔內薇也芙圖書館，MS 1961, p.8 v。夏德修後來再也沒有到過中國（Dehergne, no.592）。

26 布丹的許可，Witek, pp.257-258, n.14。

27 南特會館的高階人員歐麥特，Delattre, III, cols.779, 793。胡若望下跪高呼，RF 393。

28 胡若望的旅程和客棧，RF 394；傅聖澤試圖把胡若望的座位安排在「後方」。傅聖澤在RF 552再次強調胡若望研究風車結構的舉動。

29 RF 394，傅聖澤把胡若望取暖的方式稱為「不害臊的舉動」。

30 傅聖澤認為不該把胡若望帶往發願者之家的理由，RF 395。

31 杜赫德與傅聖澤，Witek, p.83；傅聖澤的信件日期可由RF 396獲得考證。杜赫德後來成了著名的中國史學家。

32 關於葛拉曼與傅聖澤在10月30日抵達，RF 395；葛拉曼擔任奧爾良學院的校長，Delattre, III, col.1015。葛拉曼寄送買書錢到中國給傅聖澤——至少60利弗爾（法郎）——這點記載於BAV, Borg Cin, 467, pp.161-62。在RF 560，傅聖澤將葛拉曼稱為「親愛的好友」。

33 傅聖澤私下離開以及胡若望的驚恐，RF 397, 399。由於傅聖澤在3日夜裡抵達巴黎，因此本書推測他在2日夜裡從奧爾良出發。

34 關於奧爾良耶穌會教堂裡的兩幅畫，見Delattre, III, cols.1007-1008。那位不知名畫家的畫作帶有「維尼翁（Claude Vignon）的畫風」。

信給了公司人員。BAV, Borg Lat, 565, pp.128 v-129 r, 131 r。關於塞辛的倉庫和距離，見Omont, p.815; BN, MS Nouv. Acq. Fr. 6556, p.110 r。

11 耶穌會士試圖在南特建立勢力的努力，詳細記載於Delattre, III, cols.773-78；水道學課程記載於cols.784-85。如同凡恩的靜修處，南特的耶穌會組織也舉辦開放一般民眾參加的靜修課程。

12 胡若望因女性參加彌撒而不悅，見RF 393。關於當時的廣州女性完全不得出入公共場所的記載，見Jacques, p.188。

13 比尼昂在1722年9月24日所寫的信，BAV, Borg Lat, 565, p.127 v。

14 傅聖澤在1722年9月29日所寫的信，Omont, pp.812-13。

15 傅聖澤在1722年10月3日寫給教廷大使馬錫的信，BAV, Borg Lat, 565, pp.143 v-144 v。筆者把傅聖澤所寫的「écarts étranges」譯為「反常行為」。

16 10月5日，寫給布丹的信，Witek, pp.257-258, n.14。

17 10月5日，寫給教廷大使馬錫的信，BAV, Borg Lat, 565, p.145 v。

18 預訂馬車，Omont, p.815，10月15日寫給比尼昂的信。在BAV, Borg Lat, 565, p.158 r，傅聖澤提及自己在10月22日離開南特，並於25日抵達杜爾。

19 信件清單，Witek, Bibliography, pp.379-380。

20 關於比尼昂的要求，見傅聖澤在10月12日寫的信，Omont, p.813。

21 箱子遭受的損壞以及傅聖澤六度前往塞辛，Omont, pp.814-15; BN, MS Nouv. Acq. Fr. 6556, p.110，10月15日的信件，這封信提到傅聖澤已到過倉庫四次。

22 黎涅爾斯寫給傅聖澤的信，聖潔內薇也芙圖書館（Bib. Ste. Geneviève），MS 1961, p.9。

途中發生的事情傳遍了整個城鎮。前往凡恩的旅程只花了一天，當天晚上即抵達目的地，傅聖澤描述於 BAV, Borg Lat, 565, p.131 r。

4 凡恩大教堂並非建築瑰寶，只是因為聳立於周遭繁密擁擠的街道當中而顯得特別突出。見 Thomas-Lacroix, pp.16-22，以及作者讚賞的用詞：「雄偉的體積」，Thomas-Lacroix, p.22。

5 凡恩的學院，Delattre, V, cols.16-18。靜修會，Delattre, V, cols.24-26，以及摘自 col.25, no.1 的引文。關於古耶特擔任校長，Delattre, V, col. 20；還有古耶特的熱情迎接，BAV, Borg Lat, 565, p.131 r。

6 傅聖澤在 RF 393 簡短提及幫胡若望購買服裝，以及胡若望願意協助彌撒事宜。RF 400 特別強調這套衣服的布料是「粗布」。至於這套衣服是「購自凡恩學院製作服裝的弟兄」一事，則是加在頁邊的注記，見 BL, Add MSS 26817, p.235 v; BAV, Borg Cin, 467, p.16。這點證實了這兩份手稿的日期比外交部檔案中由考狄抄寫的 RF 來得晚。

7 雷諾轉寄的信件於 9 月 19 日送到。BAV, Borg Lat, 565, p.131 v。

8 關於傅聖澤的整體策略，見 Witek, pp.256-258，以及信件書目，p.378。9 月 19 日寫給比尼昂的信所註明的書寫地點是路易港（BAV, Borg Lat, 565, pp.138-39），但那是傅聖澤的筆誤——他當時已經身在凡恩。9 月 19 日寫給黎涅爾斯的信，書寫地點就正確標示為凡恩，見 Borg Lat。

9 比尼昂在 9 月 24 日的答覆當中，提及傅聖澤指稱自己不前往巴黎乃是因為財務因素：BAV, Borg Lat, 565, p.127 r。至於傅聖澤指稱自己願意把胡若望轉讓給比尼昂，比尼昂寫了一份特別通知給同僚傅爾蒙，日期為 1722 年 9 月 25 日。BN, MS Français 15195, p.94。

10 傅聖澤被告知必須透過南特的 M. Felonceau 使力，也早在 9 月 4 日就寫

18 把走失的胡若望帶回家一事，見RF 391。

19 傅聖澤估計胡若望只做了5、6個小時的工作，RF 535。

20 比尼昂在9月5日所寫的關鍵信件與傅聖澤的回信，皆抄錄於BAV, Borg Lat, 565, pp.129 v, 130 v。

21 王室圖書館初期的成長詳細記載於Omont, p.806-09。關於傅爾蒙，見Lundbaek, pp.88-89。

22 關於黃嘉略與比尼昂，Lundbaek, pp.87-88。

23 9月14日寫給比尼昂的信，Omont, pp.811-12。

24 儒安的奇案記載於Buffet, p.68。

25 針對書籍可能受潮而向印度公司提出陳情，可見於9月11日寫給比尼昂信件的附筆中，BAV, Borg Lat, 565, p.131 r。

26 關於路易港貧窮居民的描述，見Buffet, pp.45-47, 87, 370-74。關於糞便的描述，見Buffet, p.398。

27 胡若望堅持行乞一事，見RF 392。傅聖澤對這件事的看法，見RF 552。關於打擊流浪漢的新法，見Schwartz, pp.29-31。

第五章　鄉間

1 前往凡恩的旅程以及胡若望的行為表現，見RF 392-93，559。傅聖澤租了一輛「calèche」，筆者把「hoqueton」譯為僕人。

2 道路與鄉間的描述來自筆者的觀察，以及18世紀的「卡西尼地圖」（Cassini Map），第6張，範圍涵蓋不列塔尼南岸。

3 傅聖澤（RF 393）補充指出，那名僕人回到路易港之後，把前往凡恩

Guymont結關，地點可能是在南特——「在昨晚之前」，他在9月25日寫道。

7 胡若望不讓女管家接近一事，見RF 391。

8 雷諾的工作性質參考自Buffet, pp.90-94。關於路易港居民的選擇，見Buffet, pp.80-82。

9 傅聖澤傲然列出他的新朋友以及繁忙的社交生活，見BAV, Borg Lat, 565, p.123 v。

10 關於瑞克伯格及其兒子，Buffet, pp.27, 94-96, 484。

11 關於比各，見Buffet, p.93；關於帕克，見Buffet, p.81, 92。

12 瑞克伯格與帕克在1722年9月初的爭執，見Buffet, p.95。

13 裁縫師與摩卡咖啡在當時法國風行一事，見Buffet, pp.275-76、448。套裝與裘斯特克式外套的顏色及樣式，見BAV, Borg Cin, 467, p.178，1725年11月15日寫給戈維理的信。RF 400提到這件套裝「布料非常非常好」。

14 關於胡若望的素描以及馬車的描述——「他把自己最早見到的馬車畫了下來」—RF 552。關於道路的失修狀態與馬車的稀少，見Buffet, pp.387-88, 399。關於路易港的整體規劃，見Buffet, pp.11-17。

15 胡若望在路易港花了幾個小時抄寫書籍一事，見RF 535。

16 關於胡若望的騎馬事件，從他8月29日的抵達日期再加上4天（「自從我們入住雷諾先生的宅第以來，才過了3、4天」），見RF 390-91。關於大門寬敞的宅第，見Buffet, pp.397-98。

17 路易港的街道來自筆者的觀察，關於18世紀，見Buffet, pp.393-94, 399。比較富有的男士習於用輪椅當做家中女性成員的運輸工具。街道圖，見Buffet, pp.394-395。

第四章　上岸

1　關於印度公司人員與主管勒斯托貝，BAV, Borg Lat, 565, 123 r。

2　傅聖澤寫給比尼昂的信，收錄於BN, MS Nouvelle Acq. Fr. 6556, pp.103-104 v。這封信的大部分內容都翻印於Omont, pp.810-11，漏失的部分則抄寫於Pinot, pp.10-11（收件人誤植為傅爾蒙）。Omont和Pinot都沒有BN 6556, p.104 v所引用左側的頁邊注記，其中顯示這封信原本在船上寫成，在傅聖澤搬進雷諾家裡之後才更正了收件人。一份簽名抄本收錄於BAV, Borg Lat, 565 p.125 r。關於比尼昂的事業成就，見Elisseeff-Poisle, pp.31-33。

3　雷諾與王室船隻（*canot du Roy*）一事，見RF 390; Buffet, p.94; BAV, Borg Lat, 565, p.123 r。關於雷諾在當時是「commissaire ordonnateur」，證據可見於Buffet, p.93。樂保號的那趟早期航程係Witek經過仔細研究才拼湊而成，見Witek, p.87。這艘船的啟航時間為1698年2月，因此嚴格說來並不是RF 390所指的25年前。

4　日落降旗的樂隊演奏，Buffet, pp.48-49。

5　雷諾的邀請與胡若望的住宿安排，RF 390。傅聖澤迎接胡若望上岸，以及書單，BAV, Borg Lat, 565, p.123 v。「我再次上船去接我那個中國人」，傅聖澤寫道。

6　加拉蒂亞號在7月15日抵達──《信使報》，1722年7月，p.174。另外七箱書的運送情形記載於Omont, pp.814-815。另見BAV, Borg Lat, 565, p.129 r，傅聖澤指稱那些書籍在1722年9月初就已卸下了加拉蒂亞號。比尼昂（BN, MS Français 15195, p.93 v）提到這些書在9月23日晚上由M.

32 在聖薩爾瓦多停留的日期見於BAV, Borg Lat, 565, p.112 v之後。P.112 v原本應當詳細描述出發狀況以及橫越大西洋的下一階段航程，卻僅留下空白。

33 胡若望的卑順態度、在船上的殷勤表現、他的夢，還有他對傅聖澤談話的反應，見RF 389。

34 拉科魯尼亞的事件記載於RF 388-89，補充資料可見於傅聖澤在1722年8月27日寫給奧瑞神父的信：BAV, Borg Lat, 565, p.126 r。在RF 388的邊注，傅聖澤提到拉科魯尼亞的總督是瑞克伯格侯爵，但他也許是把那位總督的名字與路易港的堡壘指揮官瑞克伯格搞混了。《信使報》對於1721至1722年間極為嚴重的馬賽瘟疫有許多討論。瘟疫結束之後，巴黎在1723年2月12日舉行了正式慶祝活動，包括一場大彌撒以及歡唱感恩讚歌（《信使報》，1723年2月，p.380）。

35 傅聖澤寫給拉福斯公爵（Duc de la Force）的信（Gaubil, XVII, pp.73-128），江西南昌，1702年11月26日。發瘋事件記載於pp.95-101。這起案件主要由沙守信神父處理，但傅聖澤指稱他在事件發生的6、7月間正在江西撫州，而向沙守信瞭解了整個事件經過。

36 RF 389，傅聖澤：「我把希望寄託在上岸所將帶來的撫慰。」

37 試圖在格瓦島下錨，以及被護送到路易港，BAV, Borg Lat, 565, p.123 r。關於格瓦島與走私行為，Dermigny, I, pp.238-39。關於印度公司的武裝巡邏船隻——所謂「pataches」——Buffet, pp.88-89, 94。

38 路易港的港區地圖，Buffet, pp.394-95。

39 寫給奧瑞神父的信，1722年8月27日，BAV, Borg Lat, 565, pp.125 v-126 r。8月27日的日期確實沒錯，但傅聖澤因為抄寫得匆忙潦草，以致看起來像是17日。

年的月份見於p.246頁。在p.264，他提及貿易商人從中國返歐途中在巴西停留：「cette relâche ne se justiferait nullement au retour, alors qu'on continue à la pratiquer à l'aller.」。這點又受到等時圖（Isochrone map）的進一步證實，Dermigny, IV, map 1。Frezier, p.277，提及3月通常會有來自里斯本的大型補給艦隊抵達巴西。

25 關於聖薩爾瓦多市的景觀與描述，見Frezier, pp.272-279; Russell-Wood, pp.50-58。

26 水手對於在巴西上岸的喜好以及對巴西女性的讚許，見Dermigny, I, pp.250-51, n.8。

27 在總督的要求下，傅聖澤詳盡描寫了他在中國的經歷、嘉樂的使節任務以及康熙皇帝送往葡萄牙的賞賜，並且簡短概述了自己的航行過程，見BAV, Borg Lat, 565, pp.114 r-122 r，他保留了一份抄本，謄清本則在5月30日交給總督。

28 關於貝勒維爾，見Witek, p.255, n.6; Pfister, no.237，以及Dehergne, p.96。傅聖澤詳細描述了5月13日的登陸狀況、船上人員的困境，還有他受到耶穌會人員接待的情形，BAV, Borg Lat, 565, p.113 r, 113v, 122 r。

29 耶穌會的教堂現已成為巴希亞的大教堂。關於這座教堂，另見Frezier, p.277; Santos, *O Barroco e o Jesuitico na Arquitetura do Brasil*，圖32（平面圖的分析）與圖44；以及Campiglia, pp.20-24, 37-47，其中收錄了聖器收藏室的細部照片。

30 出發日期，BAV, Borg Lat, 565, p.112 v。傅聖澤指稱他們被關在船上「14至15日」，可能是從5月10日開始計算。

31 冬季的糧食與採購問題，見Frezier, p.279。

要一段時間才能廢棄其殖民地並齊集上船。

12 Dermigny, I, pp.193-95，提到中國禁止荷人來華貿易。BAV, Borg Lat, 565, p.112 r，提及藉此獲利的想法。

13 傅聖澤密切描述了航行狀況，以「touer」指稱扯動船錨的動作，顯然對船隻航行的各種技術細節起了興趣，見BAV, Borg Lat, 565, p.112 r, 118 r。

14 胡若望從1月5日起暈船兩個月，見RF 387。

15 鬥毆──「quelques gourmades」，RF，387。

16 胡若望對於船上那些粗人的批評──「水手和士兵都粗俗不已」──傅聖澤記述在RF 390。

17 鬥毆地點與BAV, Borg Lat, 565, p.112 r的記載吻合。鞭笞懲罰，RF 387。

18 航行狀況描述與日期，見BAV, Borg Lat, 565, p.112 r。由中國經好望角返回歐洲的航程分析，見Dermigny, I, pp. 263-64。

19 桅杆斷折再次強調於RF 388。

20 錯過聖赫勒納島以及船員的會議，BAV, Borg Lat, 565, p.112 r。

21 這場戰役的簡述可見於RF 388，其他補充資料可見於BAV, Borg La, 565, p.112 v。孔蒂親王號火砲裝備的細節未見於這些記載中，而是補充在BL, Add MSS 26817, p.233。BAV, Borg Cin, 467 p.7，其中確認孔蒂親王號遭到「canon à Boulet」擊中。

22 傅聖澤在RF 388指稱胡若望在船上準備打鬥的行為是他發瘋的第一個證據。

23 關於船隻進港，Frezier, p.270; Russell-Wood, pp.43-44。

24 關於在巴西登陸的一般論述，見Dermigny, I, pp.250-51；1719年至1769

3 胡若望的同桌用餐夥伴以及他的用餐習慣，可見於RF 387。我猜測他在航程初期的用餐同伴和用餐習慣持續了好一段時間。

4 水手的薪資記載於Buffet, p.87。低階軍官的人數與薪資，Dermigny, I, p.222, 233。法國船隻經常超編軍官——在18世紀的某些特出案例中，軍官在全體船員當中所占的比例可高達39%，Dermigny, I, p.222。

5 航程日期，BAV, Borg Lat, 565, p.118 r。傅聖澤談及航行狀況：「前往崑崙島的旅程是最愉快的航行體驗」，見BAV, Borg Lat, 565, p.112 r。

6 胡若望暈船，RF 387。

7 當時的島嶼圖可見於Jacques書中的邊飾，p.177；Gaubil, ed. Simon, p.494邊飾。Gaubil對島嶼的描述，見p.10，在p.18頁又重提一次（這封信的日期不可能是Simon編輯本中所列的1722年2月23日，因為其中提及1722年6月的天文觀測，這封信應是在夏末寫於廣州）。Jacques的觀點，p.174。

8 三名已婚的士兵資訊，見Jacques, p.176。英國人遭害一事，見Jacques, p180,180，Gaubil, p19。人員遭綁架，p.182。法國與德國的士兵，見Gaubil，p.23。放棄崑崙島的決定，Gaubil, p.24。崑崙島是英國早期的停泊港，Morse, I, p.129, 135。

9 Jacques, p.176，提及加拉蒂亞號的補給品。

10 傅聖澤在島上暫居並收到信件，BAV, Borg Lat, 565, p.112 r, 118 r。Jacques與Gaubil捎信給傅聖澤，可見於同前，p123 r。

11 Gaubil, p.24，明確指出那年1月：「三艘船將在25日上午將殖民地的人員帶回法國」。在BAV, Borg Lat, 565, p.112 r，傅聖澤指稱他們在2月6日離開。他的回憶似乎比較正確，尤其是島上的士兵和墾殖居民必然需

49 戈維理在法律方面的論點可見於BAV, Borg Cin, 467, p.151，在他於1724年11月22日寫給傅聖澤的信件裡，提及戈維理離開中國之前發生的案例。

50 戈維理待在中國的時間，Pfister, no. 258。

51 孔蒂親王號的船員人數記載於RF 388，火砲數記載於BL, Add MSS 26817, p.233；船隻大小的估計，記載於Dermigny, I, pp.203-07, p.521的表格與討論之後。

52 特維爾的信翻印於RF 386以及BAV, Borg Cin, 467, p.185，是該份《真實敘述》抄本的附錄三的最後一封信。鑑於傅聖澤的出發日期為1月5日，這封信的日期也許應該是1月4日。

53 傅聖澤對自己的個人財物詳列於BAV, Borg Lat, 565, p.157 v。

54 船運貨物資訊：《信使報》(*Le Mercure*)，1722年7月，p.174、204，內容提及加拉蒂亞號與摩爾號的載運物品。販賣貨物的利潤，見Dermigny, I, pp.420-21。John Law對印度公司的改組，見Dermigny, I, pp.155-56與注釋；Buffet, p.245-253, 261-263。

第三章　海上之旅

1 船隻航行八天都無風一事，見BAV, Borg Lat, 565, p.112 r。許多走訪珠江三角洲的人士都提到當地山丘的貧瘠狀態，包括Jacques, p.186。

2 Witek, Bibliography, p.377，其中列出1月6、8、10日的若干信件。BAV, Borg Lat, 565, p.110 v，傅聖澤在1月13日距離伶仃島不遠處，談及抄寫工整的副本。

41 傅聖澤在1725年抵達羅馬之後，爭取到了保有鬍鬚的權利，而De Brosses在1739年看到他的時候，他的鬍鬚也還是相當壯觀（Witek, pp.315-316; n. 160）。

42 廣州法國耶穌會士的服裝細節——截至1722年11月——可見於Jacques在1722年11月1日寫給Abbé Raphaelis的信件裡。

43 RF 384-85提及雇用胡若望的關鍵補充資料見於BAV, Borg Lat, 565，傅聖澤在1722年10月3日寫給教廷大使馬錫的信，p.114 r。其中詳細記述了「出發前5、6天」的面談，出發日期為1722年1月5日。

44 RF 541可見到傅聖澤描述胡若望萎靡不振的容貌與骯髒的外表。RF 535可見到傅聖澤指稱胡若望「bazané」，亦即皮膚黝黑。傅聖澤在RF檔案裡一再提及胡若望外貌的醜陋。傅聖澤在之前十年所相處的都是身材比較苗條，膚色也比較白皙的中國北方人。

45 Fioravanti神父向傅聖澤保證蓋斯帕將受雇於潘如，BAV, Borg Cin, 467, p.155，傅聖澤於1725年1月2日寫給戈維理的信。

46 合約與傅聖澤為胡若望購買的物品，RF 385；錦緞床罩見BAV, Borg Cin, 467, p.178。胡若望拒絕持有合約副本一事，經過了戈維理的證實，BAV, Borg Cin, 467, p.167-68。合約的擬定與飲食補助可見於RF 559，傅聖澤在1730年寫給馬錫的信。

47 傅聖澤談及嘉樂的承諾，BAV, Borg Lat, 565, p.143 v。

48 BAV, Borg Lat, 565, p.144 r，傅聖澤不曉得為什麼否認他曾承諾帶胡若望去羅馬，但倒是提及胡若望的「期盼與渴望」。BAV, Borg Cin, 467, Pt. II, pp.117-19，許可信件為傅聖澤的附件A與B，在這段記述末尾，傅聖澤提及胡若望希望在回國後撰寫遊記並藉此成名，RF 552。

過十二或十五天就要啟航」，1722年1月5日。

35 關於三艘船隻的所在位置與孔蒂親王號的速度，見BAV, Borg Lat, 565, p.117 v-118 r。希望在5月或6月抵達法國，BAV, Borg Lat, 565, p.126 r，寫給奧瑞神父的信件，1722年8月27日。關於中國人對往來船隻的密切監督一事，見《康熙漢文奏摺》，第8卷，p.766，康熙60年4月16日（1721年5月11日），以及p.822，康熙60年閏6月16日（1721年8月8日），其中可能把一艘英國船隻與一艘法國船隻搞混了。

36 關於法國人在中國受到禮遇一事，見Dermigny, I, p.356。下引BAV檔案的參考資料並未證實Dermigny的說法，他聲稱法國人的特權在1720至1724年間曾遭到「廢除」。關於英國，見Morse, I, p.252；關於他們來自南特一事，見Dermigny, 1, p.361。

37 關於布雷特施的購書活動，BL, Add MSS 26816，傅聖澤於1721年6月1日寫給赫蒼璧的信，p.182 v-183 v。另見Omont, p.810，傅聖澤寫給比尼昂的信。

38 關於布雷特施與特維爾，關鍵的參考資料都在BAV, Borg Lat, 565。p.96提及布雷特施的抵達（搭乘摩爾號或孔蒂親王號）與銀兩；p.100 r列出了翻譯的中文詞彙；p.101 r提及晚宴；p.106 v頁提及彌撒的酒與對於上川島的談論。特維爾與戶部及傅聖澤聯絡，見p.106 r；書籍放在船艙裡以及傅聖澤對這些書的需要，p.102 r。

39 書籍貨運費用可見於BAV, Borg Cin, 467, p. 152。書籍成本為268法郎（利弗爾〔livre〕）13蘇，運費則將整體成本推升至「300利弗爾以上」，亦即運費共計31法郎以上。

40 船員在船艙裡裝載貨物的利潤，Dermigny, I, p. 234。

樂與張安多都在場。若能知道他們在席間是否談論了中國人助手究竟有沒有幫助，一定很有趣。維亞尼（Sostegno Viani）在《歷史》（*Istoria*）裡完整記述了教廷派遣此次使節的事件。

26 在這個時期，中國旅外移民一旦返回中國，官員都會向康熙詳實報告。見《康熙漢文奏摺》，第8卷，p.828，在p.315有一份1721年的報告，就提及了返國的移民。

27 潘如在12月4日與13日探訪傅聖澤的記載可見於BAV, Borg Lat, 565, p.107 r。關於潘如曾與嘉樂同在澳門，見BAV, Borg Lat, 565, p.106 v。

28 斯卡特古德是博尼塔號的貿易首長，又稱「貨物管理員」。關於這起事件，見Morse, I, pp.168-69。1689年那起血腥的前例可見Morse, I, pp.82-84。

29 遭到監禁的三人分別為Appiani、Borghese與Guignes。見Rosso, pp.187-88; Witek, p.271, n.54。

30 關於傅聖澤靜修一事，見BAV, Borg Lat, 565, p.98 r（5月29日）。

31 傅聖澤與潘如的友誼似乎始自6月下旬，見BAV, Borg Lat, 565, p.99 v。

32 傅聖澤在1721年8月4日寫了一封長信給戈維理，提及中國典籍和他自己的書。見BL, Add MSS 26816, pp.144-50。書名與價錢列於傅聖澤與戈維理在1724年11月22日與1725年1月2日的信件中，見BAV, Borg Cin, 467, pp.150-53; 153-65。兩人都提及1721年在廣州的討論。關於戈維理的生平資料，可見於Pfister, no.258與Dehergne, p.382。

33 傅聖澤曾在盛怒之下指稱戈維理阻撓那兩名學者隨他同行，見BAV, Borg Cin, 467, p.154，在1725年1月2日寫給戈維理的信件開頭。

34 船隻於12月22日的開航日期與拜訪潘如一事，見RF, p384，「船隻再

派」的觀點，見Witek, *Controversial Ideas* 與 Mungello, *Curious Land*。

21 傅聖澤的抄寫員及祕書，見Witek, pp.209-210。關於湯尚賢（Tartre）在1718年禁止雇用助手，見Witek, p.236；Witek列出傅聖澤的書信當中，提及許多這類由祕書抄寫的副本。特別明確的例子可見於厚達九百零六頁的精裝本傅聖澤私人信件暨禮儀論述草稿，其中附有優美的中文書法，BAV, Borg Lat, 566。

22 關於兩名中國學者協助傅聖澤工作一事，見RF 384；關於他們前來耶穌會教堂的額外細節，見BAV, Borg Cin, 467, p.154（傅聖澤寫給戈維理的信，1725年1月2日）以及第BAV, Borg Cin, 467, p.180（傅聖澤寫給戈維理的信，1725年11月15日）。

23 榮振華（Joseph Dehergne）與方豪曾探討早期赴歐洲的中國人。關於沈福宗事蹟，見Foss, "European Sojourn"; Hyde, ed. Sharpe, II, pp.516-20。關於黃嘉略事蹟，見Elisseeff-Poisle, pp.41-50; Knud Lundbaek, pp.87-88。關於黃嘉略，有一項基於熟知第一手資料而展開的想像分析，見Elisseeff, *Moi Arcade*。樊守義寫了《身見錄》闡述其歐洲之旅。他帶著艾若瑟的遺體一抵達澳門，立刻就有人將消息報知康熙，詳見《康熙漢文奏摺》，第8卷，p.701。樊守義的遊記另有一篇較為簡短的版本，收錄在他的文件裡，翻印於Rosso, pp.332-34。

24 關於樊守義前往北京與滿州，見Witek, pp.240-243, notes 226,230。傅聖澤在1725年1月2日寫給戈維理的信中提到艾若瑟與梁弘仁，還有洪若翰、嘉樂、張安多，「伯納先生」（M. Bernard）與馬國賢（Ripa），BAV, Borg Cin, 467, p.157。

25 Witek, p.244, n. 237，描述了5月18日在廣州的一場晚宴，傅聖澤、嘉病。關於他的患病地點，我認為他寫的是「Chiuchiang」(九江)，但由於字跡過於模糊，所以也有可能是「Chinchiang」。關於他認為自己年歲已高，而對自己的工作更感迫切，見寫給赫蒼壁(Hervieu)的信件，p.184v；「已五十七歲」應是「在人生中的第五十七年」。傅聖澤出生於1665年3月12日，見Witek, p. 75。

14 傅聖澤生平資料，見Witek, pp. 80-81,169。

15 匆促離開北京一事，見Witek，pp. 242-243；及BL, Add MSS 26816, p.144 v。

16 關於私人文件遭到銷毀一事，見BAV, Borg Cin, 467, pp.183-84，殷弘緒(François Xavier d'Entrecolles)與白晉(Joachim Bouvet)所寫的信件。關於遺留下來的一千二百本中國書籍，加上其他未指明數量的歐洲書籍，見BAV, Borg Cin 467, pp.164-65。1732年，傅聖澤向訪客史賓塞(Joseph Spence)提及自己「因匆忙離開而喪失了將近半數的藏書」，詳見Spence, ed. Osborn, , II(no.1411), p.524。

17 2月20日抵達廣州，見BAV, Borg Lat, 565, p. 117 v。船隻航行狀況，見BAV, Borg Lat, 565, p. 117 v。

18 書單，見BL, Add MSS 20, 583A；另見Omont, pp. 810-11。

19 傅聖澤的學說概要，Witek, p.207。基於傅聖澤於1719年10月26日寫給即吉貝(Guibert)的信，另見Witek, p.155。

20 傅聖澤寫給赫蒼壁的信，見BL, Add MSS 26816，廣州，1721年6月1日，pp. 151-186。(他在p.186註記指出，這封信並未寄出，原因是「赫蒼壁當時的某些狀況」)。第13掛，「同人」，同前，p.166v。第14掛，「大有」，p.170。第24與59掛，「復」與「渙」，p. 171。「所有民族的重新聚合」，p.172。「辛勞……甜美無比」，p.174。關於這種被稱為「索隱

pp.207-07以及Gaubil, ed. Simon, pp. 29-32，其中談及醫院與洗禮程序，以及1719年與1721年的受洗人數。

10 對於廣州的這段描述，來自於兩段記述該座城市在1722年與1723年間樣貌的文字，見Jacques, pp. 186-88；以及Gaubil, ed. Simon, pp. 40-42（這封信的日期標錯了，應是1723年，而不是1722年）。另見Gaubil, p. 494, Planche II之後所附的地圖。關於黃浦島，Dermigny, I, p.286。其他地圖收錄於Morse, II, p.1, 320。

11 樊守義返回中國的過程，以及廣州地區官員向康熙皇帝通報這項消息的情形，可見於《康熙漢文奏摺》，第8卷，pp.701-02。總督指出，樊守義正「親手撰寫他在西洋的見聞」，同前，p.711。這份遊記完成於1721年，標題為《身見錄》。見樊守義，《身見錄》，收錄於方豪編《中西交通史》，p.856。這份遊記另有一篇簡略版，收錄於Rosso, pp. 332-34。

12 RF 385。

13 關於傅聖澤在8月10日至10月6日期間罹患重病以致無法寫作，見他日記中的記載，1721年10月6日，BAV, Borg Lat, 565, p.104r。關於他一度病危，見於他寫給戈維理的信（羅馬，1724年12月7日），BAV, Borg Cin, 467, p.141。根據這些線索，他在前往羅馬途中寫給嘉樂的關鍵信件雖然日期標注為1721年10月4日，實際上也許寫於10月9日，詳見Witek, p. 376。在BAV, Borg Lat, 565, p.104 v，傅聖澤記錄了他與希盧（Ciru）的談話，其中提到他收到了教宗特使針對他9日的信件所回覆的來信。出處同前，p.117 v，傅聖澤在1722年5月30日寫給梅內瑟斯（Menezes）的信件裡，談到了他在赴廣州途中曾在江西生了一場重

5 胡若望的讀寫能力可由他留下的唯一一封信件來判斷，也就是他在1725年10月以中文寫給傅聖澤的那封信，見BAV, Borg Cin, 511, item 5。而關於他從不曾通過任何考試，傅聖澤於1722年9月9日在路易港寫給比尼昂的信中曾明確提到這一點：「和我一同來到法國的中國人不是最高級的文人，甚至連功名都沒有；但他懂得書寫，也看了一輩子的書。」見BAV, Borg Lat, 565, p. 130 v。

6 關於1721年8月10日的信件，因為送信者弄錯了兩個發音同為「Wang」的不同姓氏，以致送錯對象而導致嚴重後果，見BAV, Borg Lat, 565, p. 103 v。

7 龐嘉賓原名或寫為「Kaspar」，或寫為「Gaspar」；姓氏或寫為「Castner」，或寫為「Kastner」。在1700至1701年間曾於佛山講道，見Pfister, no. 220，Dehergne, no. 157。利國安在1700年間也曾在佛山講道，見Pfister, no. 221，Dehergne, no. 451。沙守信神父（Emeric de Chavagnac）在1701年寫及龐嘉賓在佛山的傳道工作：「我發現了許多虔誠的基督徒，而且神父在我離開幾天後，即在轄區內的鄰近村莊為三百名新進信徒施洗。」見Chavagnac, p.72。胡若望皈依基督教的時間僅有間接證據，但由於胡若望正來自這個區域，因此這項巧合實在令人難以忽略。

8 胡若望的確是傳道師，而且是在教廷傳信部的教堂裡。傅聖澤在《真實敘述》裡雖然沒有提到這一點，卻可見於他在1725年11月15日寫給戈維理的信，pp.180-181。潘如在1727年1月10日的信件中證實了這一點，BAV, Borg Cin, 467, P. 127。

9 關於廣州傳道師的活動，見Fontaney, pp.322-23，其中提及他們共同保守的機密；Jacques, pp.191-92，談及清晨巡邏街道的活動；Gaubli,

聖澤對這封信的部分概述與批評可見於RF 541-47。

2 關於戈維理其人，見Pfister, no.258與Dehergne, no.382；至於戈維理的語言能力，見Morse, I, p.158。

3 戈維理將胡若望提出的問題以羅馬拼音記錄為「so muen kin kinti」，以當今的漢語拼音應寫為「[Weishema] suomen jinjindi」（為什麼鎖門緊緊地），詳見Borg Cin, 467, p.168。

第二章 動身出發

1 潘如神父雇用胡若望是在胡若望與傅聖澤初次會面（1721年12月31日）的三個月前，見RF 384-85。

2 關於教廷傳信部的功能與結構對中國傳教團造成的影響，見Witek, pp.15-22。關於1704年在廣州的各派教堂與傳教士，見Fontaney, p.324。傅聖澤在1721年指出，共有位天主教神父住在廣州市——兩位耶穌會士、兩位方濟會士、一位奧斯定會士、一位道明會士、一位在教廷傳信部，還有一位「D. D. Gallorum」。在廣東省其他地方，他計算還有十八位。詳見Foucquet, "Catalogus Omnium Missionariorum....", p.69。

3 關於胡若望的年齡，見RF 529。關於胡若望的母親與兒子蓋斯帕，見RF 551，565。胡若望的妻子在許久以前已經過世一事，可見於傅聖澤在1725年1月2日寫給戈維理的信件，見BAV, Borg Cin, 467, p.155。在同一封信裡，傅聖澤提到胡若望的兒子蓋斯帕已長大成人。關於胡若望與母親、兄弟及兒子住在一起一事，見傅聖澤的腳注，RF 538。

4 胡若望的籍貫為江西，見胡若望的信，BAV, Borg Cin, 511, no.5, line 24。